朝日新書
Asahi Shinsho 750

簡易生活のすすめ

明治にストレスフリーな最高の生き方があった！

山下泰平

朝日新聞出版

まえがき

私は明治あたりの小さな文化を調べている。そんな明治の文化の中に、簡易生活と呼ばれるものがある。簡易生活は明治から大正・昭和初期に書かれた小説やエッセイ、実用書や雑誌にしばしば登場する。多くの人はそれを単純に『簡易な生活』と認識してしまい、簡易生活という考え方があったとは思わない。

いわゆる忘れ去られた言葉であるが、かつては世間に知れ渡っていた。夏目漱石も簡易生活の実行者の一人で、殺到する訪問者に対処するため面会の日を木曜日と定めており、木曜会として有名だが、これも簡易生活のテクニックの一つだ。

幸田露伴も訪問客には悩んだようで、明治三十八（一九〇五）年四月から六月にかけて『読売新聞』に五十回以上も「午前だけは親疎を問わず、急用のほか、御来訪御免下され度《たく》懇願」と広告を掲載している。昭和四（一九二九）年に『墨子』で、社会が複雑になっ

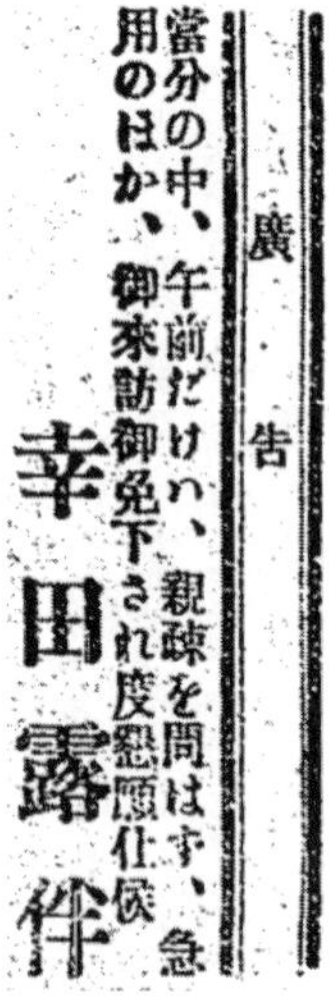

訪問客を嫌がり面会謝絶する幸田露伴（『読売新聞　朝刊』明治三十八年五月二十八日）

たことで簡易生活が叫ばれるようになったと書いている。彼が簡易生活を認識していたことは確かであろう。

芥川龍之介は生活にまつわるわずらわしい雑事に悩まされていた頃に、芸術に没頭できる「西洋皿一枚と缶詰の簡易生活を」試みた（芥川文、中野妙子記『追想 芥川龍之介』昭和五十六年、中公文庫）。

『明治開化安吾捕物』で「目をさまして顔を洗う習慣のない一助、シブシブ起きてグチの一ツも言いながら二三度手足を動かすうちに仕事着に着終っている簡易生活」と書いた坂口安居は、巨大なポケットがひとつ取付けられた安吾服なるものを発明している。酒も原稿も原稿代も全部入ると威張っていたらしいが、機能を追求する簡易生活の考え方とよく似ている（檀一雄『太宰と安吾』平成十五年、バジリコ）。イサム・ノグチの父親・野口米次《よねじ》郎《ろう》も、日本は隠蔽主義で駄目、言いたいことをそのまま伝えるべきだと主張しており、こちらも簡易生活的な考え方だ。

もちろん無名の人々も簡易生活を知っていた。地方に住む青年や、都会で働くお手伝いさんなど、様々な人が簡易生活者として生きていた。

もともと簡易生活は西洋から入ってきた考え方である。海外でフランス人牧師シャルル・ワグネルの『The Simple Life』がベストセラーとなり、日本では明治二十八（一八九五）年には簡易生活という言葉が登場する。

明治も中頃を越えると、日本では西洋列強に追い付こうという機運が高まり、国を強くするために、個人が合理的に行動し幸福な生活を送ることが求められるようになった。そんな中、徳富蘇峰《とくとみそほう》によって創立された民友社による『簡易生活』が明治二十八年に出版された（内容については42ページで後述する）。思想家でありジャーナリストでもあった彼は、キリスト教の洗礼を受けており、シャルル・ワグネルの活動を知っていたのかもしれない。

徳富蘇峰の知人である矢野龍渓《やのりゅうけい》は、理想の社会を描いたユートピア小説『新社会』『続新社会』で、「簡易」で合理的な社会を描いている。矢野龍渓は小説家であり新聞記者でもあり政治家でもあるといった幅の広い人物だ。日本初といってもいいSF小説『浮舟物語』を書いた際には、時代を先取りしすぎていたため、一部の知識人からは受け入れられなかったという悲劇のヒーローでもある。そんな人物だからこそ、社会を「簡易」にすべきだと、いち早く提唱できたのかもしれない。

徳富、矢野ともに社会的な地位は高く、明治社会をリードした一流の知識人であった。それゆえに彼らの主張は、どちらかといえば社会全体を改善するためのものであった。その考えに賛同した人々によって、簡易生活という概念が広められていき、やがて普通の人々が知るところとなっていく。

多彩な人々が簡易生活に触れることで、簡易生活は生活の中で実際に使えるものへと変容していった。良い国にしようという情熱から生まれた簡易生活は、個人が合理的に行動し幸福な生活を送るためのツールに成長していったと考えてもいいだろう。

それでは、簡易生活という概念は、どのように変化していったのだろうか。

本来の簡易生活は「物欲に溺れず簡素な生活を送り、思いやりを持って生きていこう」程度の意味しか持たなかった。

ところがこれを受け入れた日本の人々は、独自の解釈をしてしまい、別方向へと進化させ始める。簡易生活の専門誌『簡易生活　第一号』(上司小剣編、簡易生活社、明治三十九年十一月一日）には、こんなことが書かれている。

御免遊《ごめんあそ》ばせと云《い》うよりは、御免なさいと云う方《ほう》が簡易《かんい》である。御座《ござ》いますと云うよりは、デスと云う方が簡易である。

わたくし、わたし、あたし、わし、わッチ、手前《てまえ》、自分、僕、予《よ》、我輩《わがはい》、拙者《せっしゃ》、などと色々《いろいろ》に云うよりは只《ただ》一つアイと云う方が簡易である。

燕尾《えんび》服、フロックコート、モーニングコート、大礼服《たいれいふく》、洋服、制服などと様々に着わけるよりは、一つか二つ自分の気に入った脊広《せびろ》でも着るほうが簡易である。

（堺利彦「共同と平等」）

この一文には思いやりや、質素な生活などは含まれていない。とにかく簡易でいこう。簡易のためには、言葉も習慣も変えてしまえといった勢いしかない。初期の簡易生活者たちが、主に改善しようとしたのは次の三点だ。

・衣食住を簡易にする
・交際を単純にする
・生活をより良くする

これらを実現するための行動が、簡易生活である。衣食住を簡易にするためには、技術を発展させなくてはならない。技術を発展させるためには、学習しなくてはならない。学

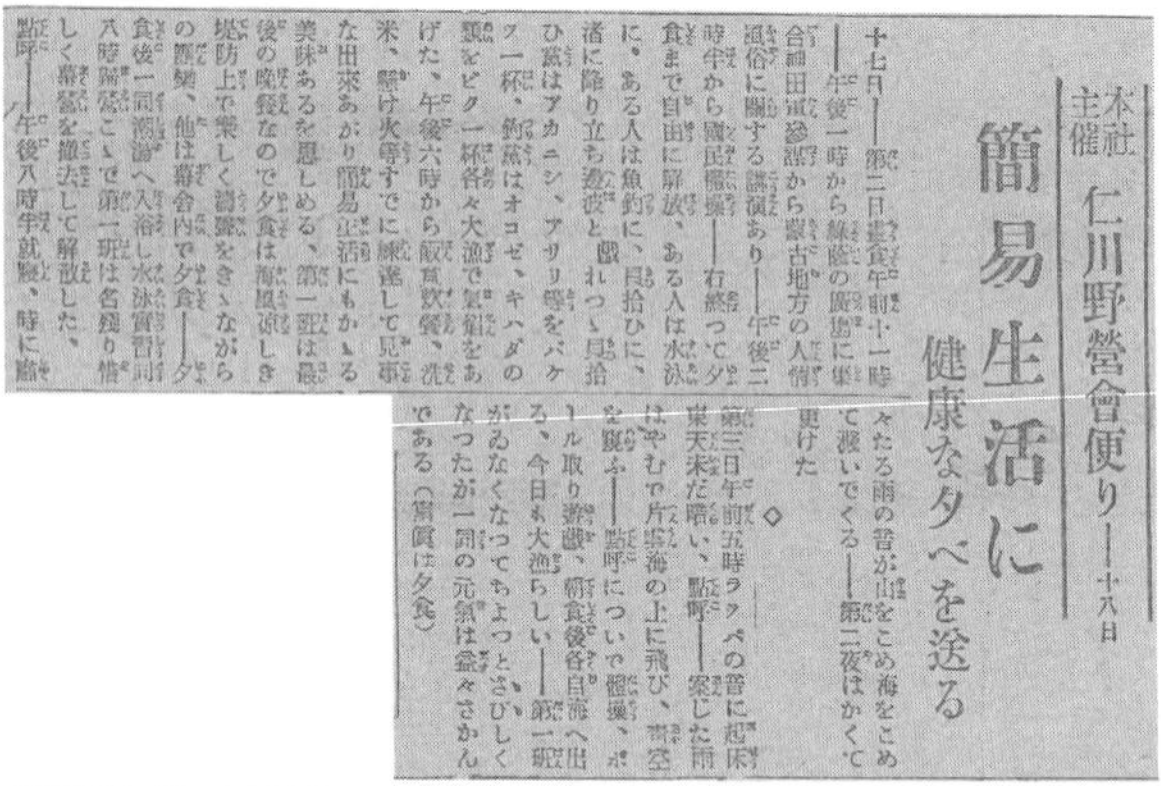
本社主催 仁川野營會便り――十八日

簡易生活に 健康な夕べを送る

十七日――第二日朝食午前十一時――午後一時から緑蔭の廣場に集合細田嘱託から蒙古地方の人情風俗に關する講演あり――午後二時半から國民體操――右終つて夕食まで自由に解放、ある人は水泳に、ある人は魚釣に、貝拾ひに、渚に降り立ち漣波と戯れつゝ貝拾ひ組はアカニシ、アサリ等をバケツ一杯、釣組はオコゼ、キハダの類をビク一杯各々大漁で氣焔をあげた、午後六時から飯盒炊爨、洗米、驅け火等すでに練達して見事な出來あがり簡易生活にもかゝる美味あるを思しめる、第一班は最後の晩餐なので夕食は海風涼しき堤防上で樂しく歡談をきゝながらの團欒、他は營舍内で夕食――夕食後一同海邊へ入浴し水泳實習同八時露營こゝで第一班は名殘り惜しく幕營を撤去して解散した、點呼――午後八時半就寢、時に瀟々たる雨の音が山をこめ海をこめて騒いでくる――第二夜はかくて更けた

◇

第三日午前五時ラッパの音に起床東天未だ暗い、點呼――案じた雨はやむで片雲海の上に飛び、青空を仰ぐ――點呼について體操、ボール取り遊戯、朝食後各自海へ出る、今日も大漁らしい――第一班がゐなくなつてちよつとさびしくなつたが一同の元氣は益々さかんである（宿營は夕食）

新聞社主催の野営会（キャンプ大会）の記事。昭和初期でも簡易生活という言葉が使われている（『朝鮮新聞』昭和五年八月十九日）

習するためには、合理的で科学的な思考が不可欠だ。手にいれた合理的で科学的な思考で、生活の全てを改善してしまおう。交際を単純にするために、無駄な決まり文句や連絡は排除する。病気になるなど時間の無駄で論外だ……というように、全てを簡略化しようと猛進していく。彼らにとって簡易生活は自分のまわりで起きていることを観察し、日々改善していく生活法であった。明治人は簡易生活を、世の中から無駄を排除し合理性を追求する道具として作り直したのである。

明治という時代が発見した簡易生活は、昭和に至るまで生き残った。人々は試行錯誤を繰り返し、簡易生活を徐々に洗練させていくのだが、時に迷走もしている。それだけに使う人や時代によって、簡易生活の意味合いがかなり違う。摑み所のない考え方ではあるのだが、簡易生活関連の書籍や雑誌、新聞などを調べ続けるうちに、ようやく彼らが目指していたものが見えてきた。

簡易生活は生活を改善し、自分の能力を発揮できる環境を作り上げ、自分の人生を素晴らしいものにするための手法である。それを実現するため、次のように行動する。

・理屈で考えて合理的に判断をする
・最新鋭の便利なものは利用する
・機能を基準に物を選ぶ
・極力無駄を排除する
・他人の能力を発揮させて活用する

この程度のことなら自分も当たり前にやっている。今さら明治の考え方なんて知ってどうするのか、そんなふうに思われる方もいらっしゃるかもしれない。しかし簡易生活には、文化面でも実用面でもゆるがせにできないところが実に多い。

簡易生活は、過去の文化や雰囲気を知るための良い材料になる。簡易生活は一時的な流行ではなく、ある時期までは普遍的な考え方で、少しずつその形を変えながら、それぞれの時代を潜《くぐ》り抜けてきた。未来を信じられた明治、少し現実を見はじめた大正、限界の中にあっても良く生きようとした昭和初期と、五十年くらいは活用され続けている。

当たり前だが簡易生活に影響を受けた人たちが数多く生きていて、歴史上の出来事にも関わっている。

現代を解釈する際にも、時に簡易生活は役に立つ。消滅してしまったように思える簡易生活ではあるが、その断片は今も世の中に残っている。この考え方はどこから来たのか、そして今ならどうすべきなのか、簡易生活を通じて知ることもできる。

そして簡易生活は、実用的なものでもある。実は「生活」という概念が登場したのは、明治時代のことである。明治の人々は無から「生活」を作り上げるため、思考し議論し行動をする。そんな姿を観察しているうち、自分の生活そのものを再認識することができる。もしかすると、自分の生活に思想のようなものがただよい始めるかもしれない。

何よりも簡易生活を送っていると、日々が快適になっていく。私自身も簡易生活を調べるうち、「そういや生活ってなんだっけ」と考えるようになっていった。もちろん毎日生活しているが、生活とは何かと問われてみると、ちょっと考え込んでしまう。それならばと、試しに細かなことを意識しながら生活し始めたのだが、無意識のうちに簡易生活の考え方や行動様式を取り入れていた。「そういやこれは簡易生活か、ここでも簡易生活を使っているな」というような具合である。そうすると、知らないうちに生活の質が上がっていく。

もっとも大幅な変化があったわけではない。私は昔の本を読むのが趣味だから、ほとんど毎日昔の本を読む。毎朝気分良く起き、楽しく仕事をして、晩ご飯くらいは自炊する。床にはゴミが落ちていない。そんな毎日を送っているだけなのだが、苦痛も不快もほとんど感じていない。そして日々そこかしこが、改善されていく。あくまで私は、簡易生活を昔の文化のひとつとして調べていたのだが、徐々に実用として十分に活用できる手法ではないかと考えるようになった。

簡易生活は、かほどに素晴らしいものなのだと言いたいところだが、所詮は消えてしまった小さな文化である。取り上げているものは、明治時代に発生した簡易生活にまつわる個人の活動や考え方だ。一方で大正時代以降、国家や団体による生活改善運動の影響が強くなっていく。こちらは、巨大で複雑な改善運動だ。そこにも簡易生活の考え方が取り入れられているため、関連資料がいくつか登場するが、本書ではあくまで個人がどう考え、どう行動したのかを主眼に置いている。

当時の人々も我々と同じく、楽しく生活しながら簡易生活を洗練させ、ツールとして利用していた。日常生活に取り入れたい考え方もあれば、ちょっと真似したくないなという手法もある。素晴らしい実践者もいれば、いい加減な奴もやはりいる。彼らは失敗したり、成功したりを繰り返す。

今も昔も、同じように人は生きている。日常生活に取り入れるかどうかは少し置いておいて、過去に生きていた人々と交流しながら、簡易生活を眺めていこう。

簡易生活のすすめ　目次

引用部分の表記については、新字体・現代仮名遣いとしている。句読点、ルビについては、読みやすさを重視し、適宜付している。／は改行箇所を表す。なお現代ではわかりにくい言葉などについて、〔　〕内で補足をした。

序章　日々を良くする明治の簡易生活

「思いきり、簡易生活をするんです」

簡易生活は、時と場所によって様々な意味を持つ。

関東大震災で大きな損害を受けた際には、簡易生活を送ろうという気運が大いに高まった。例えば雑誌『主婦之友』（大正十二年十一月号）では、「我家の簡易生活法実験」という懸賞付き投稿が募集されている。虚栄心を捨て必要最低限のもので暮らし、お互いに助けあって生きていこうといった投書も多かった。震災後「この際だから」が流行し、この際だから無駄な贈答品は止めてしまおう、この際だから無駄を省こうといった話がそこかしこで聞かれたのだが、こちらも簡易生活の虚礼の廃止という考え方だ。

戦時中の『読売新聞』（昭和十四年一月十八日）には「見栄・虚飾は過去の夢　さァ簡易生活時代だ！」と題された記事が掲載されている。戦争にともなう増税で生活は苦しくなったが、贅沢《ぜいたく》品へのさらなる課税が見込まれている。今はこういう時代だから仕方ない。「奮起一番生活設計図」を一新し、簡易生活で乗り切ろうではないかといった内容だ。このように景気が悪い、あるいは物資が足らない時代が来るたびに、簡易生活は節約しながら慎ましく生きる方法として流通した。

その一方で、劇作家や小説家として知られる岸田國士《きしだくにお》の『落葉日記』(白水社、昭和十二年)には、こんな台詞《せりふ》が登場する。

思いきり、簡易生活をするんです。浜で買って来た魚を、自分たちで焼いたり煮たりして食べます。ベッドなんかないですよ

これは海の近くにある自分の故郷で、呑気《のんき》な休暇を過ごそうではないかという誘いである。新聞記事でも、キャンプを簡易生活として扱っている事例がいくつかある。さらに山に籠もり断食するのも簡易生活、自堕落でヤケッパチな生活も、時に簡易生活と呼ばれている。

明治はどんな時代だったか

当時の人に、本来の簡易生活の意味はと問えば、答えに窮したかもしれない。それでも簡易生活の中心となるものはあり、それを知ることで過去の一部が見えてくる。思想や考え方は単体で存在するものではなく、社会の動きの中で発生するものだ。簡易生活は明治

の社会で生まれたものだから、当時の雰囲気が大いに関係している。

ところが明治というのは複雑な時代で、その全体を正しく認識するのは実に難しい。明治や大正には、明るくて元気な若者たちが、勢いだけで様々な偉業をなし遂げてしまうといった風景もあるが、窮屈で生きにくい社会に人々が抑圧される時代でもあった。

自己責任の概念が発生したのも、明治時代のことだ。道徳を守り、親孝行をする。倹約しながら、努力を続ける。まともに行動すれば、貧困には陥らない……そんな考え方が主流であった。明治には、確かに生きにくく不合理な社会があった。

その一方で、貧困に喘ぐ人々をみなで助けようと活動する人々もいた。当時人気のあった新聞記事に、生活が苦しい人を紹介し、寄付をつのるといったものがあった。困窮に陥っている人を発見した新聞記者が、次のような記事を掲載する。

哀れの老婆　花に浮かれ春を楽しむ都人士《とじんし》の耳目は此憫《このあわ》れむべき薄遇者《はくぐうしゃ》の身の上を奈何《いか》に聞き奈何に見るらん

（『東京朝日新聞』明治三十五年四月七日）

岡山おきんは、もと用人として三百石を領した岡山元休の妻であったのだが、廃藩の後はいわゆる士族の商法で失敗ばかり、夫はやがて病にかかり死去してしまった。後を継ぐ子供もおらず、流れ流れて貧民窟で紙屑拾《かみくず》いをして暮らすようになった。貧乏をしていても心は汚れず、正直者として近所の人々から愛されなんとか暮らしていたが、ふとしたことでおきんは病に倒れる。人情家で有名な中村さんと、その仲間の手助けでなんとか命は助かったものの、止むを得ない理由から引っ越しすることになった。引っ越し先では、おきんを助ける人もいなくなり、病苦のうちに死を待つばかりといった悲惨な状況である。

この記事を読み、老婆を助けたいという人が新聞社に寄付金を送る。寄付した人物の一覧を新聞社が掲載する。

去《さ》る七日の紙上「哀れの老婆」と題し記載せし（中略）岡山きんへ左《さ》の如《ごと》く恵与《けいよ》ありたり

一金五十銭 谷中坂町（中略）松田

一金五十銭 神田区 佐柄木町 今井

（『東京朝日新聞』明治三十五年四月十日）

去る七日の紙上「哀れの老婆」と題し記載せし（中略）岡山きんへ左の如く恵まる

一金三十銭と包一個
よし町 はな
（『東京朝日新聞』明治三十五年四月十八日）

生きづらい時代を明るく暮らすために

当時は社会保障が整っていないため、弱い人々を私たちが助けるんだといった雰囲気があった。だからこそ新聞に、このような記事がいくども掲載されたのである。実際にこういった記事のおかげで命拾いをした人もいて、新聞記者の村嶋歸之《むらしまよりゆき》『ドン底生活』（文雅堂ほか、大正七年）で、その実例が紹介されている。

「明治四十四年六月頃の大阪毎日新聞紙上に『親子三人戸板の下』と題して飢餓に瀕した親子三人の世にも哀れな物語が載せられてあった」。娘二人と父親の三人家族、父はリウマチで動けず、収入は十歳の娘が燐寸《マッチ》工場でもらう一日五銭の給金だけ、家も追い出されたため捨ててあった板を屋根にして、空き地に住んでいる。食事は麦の残飯、おかずは近所からもらう鰯《いわし》の煮汁や芋の皮、娘は弁当も持たずに工場に出ることもあったそうだ。

この生活が新聞紙上に掲載されると寄付金は千数百円、衣類が数千点集まった。親子は衣類を売った九十円で病気を治し、こざっぱりした家を借りた。寄付金のうち残金九百五十円は警察署の管理の元で郵便局に貯金、父親は商店で店員として働き、娘は今もマッチ工場で働いている。世間へのお礼だと父親は無賃で小学校の風呂焚きを買って出て、娘の将来を楽しみに暮らしている。

「親子三人戸板の下」は市民の善意が報われた事例だが、あくまで個人による善意の活動であり、公的な保障とは比べものにはならない。誰にも助けられず、倒れていった人がほとんどだろう。それでも明治には、自分たちで弱者を助けるのだという雰囲気が確かにあった。この考え方は、後に解説する簡易生活の平民主義に類する行動様式だ。

もっとも、良いことばかりではない。明治の中頃から、地域住民の寄付で学校の校舎を建てるというようなことが行われていた。どうせ建てるのであれば隣の町より立派なものにしたいから、潤沢ではない予算で無理矢理大きな校舎を建てる。これがいわゆる手抜き建築につながって、普段はいいがイベント等で人が集まると床や天井が落ちてしまう事件が多発した。実利を見ずに大きさや見栄えの良さを求めてしまうのは、簡易生活では虚飾、あるいは過剰な装飾として批判される行動だ。

個人の活動を見てみると、生きづらい社会の中で、持てる全ての能力を発揮して、明るく生きようとする人たちがいた。明治時代から大正にかけ、地方のあまり裕福でない少年たちが、東京に出て一旗あげるために旅行をするという現象が発生した。個人の努力でなんとかするという社会であったから、立身出世が流行したというわけだ。

ところが家を飛び出し東京にやって来た若者たちは、あまりに無計画だった。

簡易生活で無一文から大卒に

明治三十（一八九七）年ごろ、東京にいる学生の数は十二万人ほどだった。そのうち実家から学資を支給されているのが十万人、東京に家のある者、学生の格好をしたゴロツキが一万六千人、残りの四千人は独力独行で学資と生活費を稼ぐ学生なのだが、今とは違ってアルバイトなどは少ない。新聞配達か牛乳配達、あるいは自分で商売をするくらいのものである。当時の労働環境は酷《ひど》いもので、無一文で故郷を飛び出したほとんどの若者たちは失敗してしまう。これは明治の暗い一面だ。

その一方で、持ち前の知恵と体力を駆使し明るく生きた若者もいて、無謀にも無銭で山口県の実家を飛び出し、そのまま徒歩旅行をしながら東京へたどり着き、独力独学で早稲田大学を卒業してしまった男がいる。その名も白眼子、『行商旅行』（大学館、明治三十六年）なんて本を出している。

東京にたどり着いた白眼子は、なんとか学校に入学し、文房具の行商をしながら学費を捻出していた。いわば一旗あげる旅行の途上といった状況だ。学問と商売を両立させる日々を送っていた白眼子であったが、ある年の夏休みに突然旅行へ行きたくなった。山口と東京には千キロ近い距離がある。それだけ歩いたのならもう十分だろうと思うのだが、白眼子はどうしても旅行に行きたくてたまらない。しかしお金に余裕などない。どうすれば良いのかと考えた結果、行商旅行を思い付く。行商旅行というのはその名の通り、行商しながら旅行することである。

旅行に先立ち白眼子は、費用はその日の利益から出すというルールを設定している。ものが売れれば贅沢ができるし、売れなければその日は飯抜き、テレビの企画としても成立しそうな旅行である。東京で文房具を仕入れ、東北地方へ向かってブラブラ歩きの旅に出る。無一文から大学卒業にまで漕ぎ着けるくらいであるから、白眼子はかなり計画的で慎重な男であった。

手帳を取り出して、売上高を調ぶれば、東京を出てから今日《こんにち》で四日目、総計四円ばかりの売上高はあるが、利益は大概《たいがい》宿泊料に払って、残る所は僅かに三四十銭しかないのだ、三四十銭の利益は、今宵一夜の宿泊料には足るとしても、利益の残りは他日の準備《ようい》に充《あ》てねばならず、つまる所、今日《きょう》の費用は之《これ》から稼ぎ出さねばならないのだ、

というように、手帳で売り上げを管理しているのである。旅の当初は苦戦したものの、本職の行商人であるから商売の駆け引きも知っている。大きな家や役所、そして学校など、売れるべくして売れる場所を巡りながら旅行を続ける。

ここだけ見ると慎重でカンが良い優秀な若者だという印象なのだが、その一方で思い切りの良いところもあり、東北旅行のついでに北海道にまで渡ってしまう。北海道では一切観光をすることなく、函館で商売をしたところ、思ったよりも景気が悪いと、三日もたたず本州へ帰っている。計画性があるんだかないんだかよく分からない。

各地を巡るうち、白眼子は大規模な工事の現場に出くわす。工事を眺めていた白眼子は、疲れたら甘いものが欲しくなるだろうと思い付き、ものは試しだとばかりに菓子を売りはじめる。これが大ウケで六日で四円ほどの利益、今のお金に換算すると感覚的には五万円程度だから、なかなかの儲けだといえよう。ただしその間、ずっと工事現場付近で商品を並べていて、最早《もはや》ただの出稼ぎになってしまっている。

ひと月あまりも行商旅行を続けた白眼子は、旅の終りが近付くと流石にヘトヘトに疲れていた。稼いだお金があるので温泉で五日ほど療養、帰りは汽車を使って帰京する。これでお金はスッカラカン。なんだかよく分からない旅行だが、日頃から行商しながら大学へ通っていた白眼子にとっては、よい息抜きだったのだろう。

白眼子が簡易生活を知っていたのかは分からないが、かなり簡易生活的な行動をしている。後に詳しく解説するが、旅行という趣味に行商をくっつけてしまうのは簡易生活そのままであるし、記録を取り計画を立てているのも簡易生活的だ。稼いだお金を楽しみのために全て使うのも、実は簡易生活の流儀である。

旅行を終えた白眼子は、見事に大学を卒業し、雑誌の記者として活動している。経済関係の記事に強かったようで、国木田独歩が編集責任者を務めた『近事画報』の立ち上げに参加した形跡が残っている。

ちなみに国木田独歩は、最初期に簡易生活を提唱した徳富蘇峰と親交が深く、彼が設立した民友社の社員であった時期がある。当然ながら矢野龍渓ともつながりがあった。国木田独歩も何らかの形で簡易生活の概念に触れていた可能性が高い。

白眼子は非凡な人間で、明治の若者の誰もがこんなことができたとは思えない。無一文から大卒にまで漕ぎ着けるような人物なのだから、もっと自由な社会に生まれていれば、偉人の一人になっていたかもしれない。ある意味では、時代の犠牲者とすることもできるだろう。それでもこういう若者が簡易生活的に行動し、明治という時代を楽しく生き抜いたこともまた事実なのである。

知りたがりの明治人

明治時代には、知りたい、新しいものを取り入れたい、改善したい、合理的に行こうといった気運があり、そんな雰囲気の中で簡易生活は生まれた。明治の明るい雰囲気を知ることは、簡易生活を理解する助けにもなるため、詳しく解説しておこう。

明治初期には『わけのわかる本』というシリーズが出版された。博覧会や薬品取扱、穴や兎《うさぎ》など様々なものを解説しようといったものだ。『薬品取扱規則のわけ』（打越光亨《こう》編、延寿堂、明治十三年）は「薬品取扱規則」をわかりやすく口語文に訳したもので、「コフ物毎《ごと》規則がむずかしく成《な》っては困弊《こま》る」という需要に応えたものだ。十分な教育は受けていないが、「薬品取扱規則」を理解しなくてはならない人にとって、口語文の解説書はありがたい存在であったのだろう。

『人のわけ』（橋爪貫一編、延寿堂、明治十三年）は、本文わずか十ページで「人とは何か」を解説する小冊子である。天も地もまだ開けていなかった混沌とした時代、清いものは昇り天となり、重く濁ったものは下って地となった。やがて神々がやってきて人間を生み出す……といった内容で、いわゆる天地開闢《かいびゃく》だ。

次第に人は増えていき、それぞれ職業に就き、働くようになった。労働というものは大切なもので、職業の名前はもちろん、その内容も知っておくべきである。というわけで「官員」（役人）とは何か……といきなり職業の解説が始まる。人とは何かという哲学的な問題を吹っ飛ばしてしまう怒濤《どとう》の展開だ。

「官員」とは何か。彼らは博学多才品行正直で、我々国民が安心して暮らせるように保護してくださっている。だから私たちも、酒を飲んで芸者狂いをするなんてことはしては駄目だよといった内容である。これを読むと、昔の人は素朴に「官員」は偉いと信じていたのだなぁ、と思いそうになってしまうが、これは酒を飲み芸者に狂う不品行な官員を皮肉った文章である。

「職人」の解説もなかなか面白い。腕の悪い職人に限って、着飾った格好をしているもので、腕の良い職人なら、尻切半纏《しりきりばんてん》で宵越しの金は持たねぇベランメーと大言を吐き、勢い余って逮捕されてしまう。こういう人を昔は勇《いさみ》と呼んで賞賛したけれど、今では時代が変わってしまった。

考え方を変えて「有益なる物品《もの》を造り出《いだ》すことを考えねえな〔考えようぜ〕御《お》めえ達にも似合ねえ」と、職人口調でアドバイスをしている。たわいもない内容だが、職業への興味を満たすと同時に、新しい時代に向け考え方を変え、有益なものを作るべきだといった希望のようなものを感じ取ることができる。

『わけのわかる本』シリーズは、知りたいという当時の需要に見事に応えた内容で、橋爪貫一編『児育のわけ』（延寿堂、明治十三年）の巻末の宣伝文によると「千部を摺《すり》ますと直《じき》に売切り」と書かれている。大衆向けの小冊子としては、ヒット作としてもいいだろう。

知的好奇心旺盛な明治人

明治は新しいものを取り入れ、確実に利益を出していきたいという時代でもあった。だから明治人は娯楽をも全力で受け入れながら活用し、社会を発展させてやろうと考える。世界の娯楽を紹介する『内外遊戯全書』（全十一編、博文館）は、明治三十年代に発行された。

執筆を担当しているのは主に遊び好きな学生たちで、自分の好む娯楽を彼らなりに一所懸命に紹介している。庭球（テニス）を紹介する際には「一国の威厳を保ち、縦横に馳騁《ちへい》〔かけまわるの意〕せんと欲せば、国家の富強を基とせざるべからず」という厳かな文言で始まり、「玉突《たまつき》〔ビリヤード〕は（中略）運動の用としては或《あるい》は緩《かん》に失《しっ》する」「『ベースボール』『フートボール』及『クリッケット』に譲らざるのみならず。或《あるい》は之《こ》れに勝るの点少なからざる」と他のスポーツの批判が続く。身体を鍛え国家に貢献しなくてはならない。そのためには最も優れたスポーツを選ぶべきであり、それがテニスだッ！という主張である（野田圭園）。

『内外遊戯全書』の第十編にあたるのが『昆虫採集』だ。執筆者は農学部の学生（安藤謙吉）で、昆虫の形態や分類、昆虫採集に使用する道具や薬品などが、当時としては科学的に解説されているものの、所詮は明治三十三（一九〇〇）年に書かれた本である。今となっては昆虫採集の入門書としては、あまり役に立たない。ここで焦点を当てたいのは別の部分で、それは昆虫採集を広めるついでに、世界をも改善しようという意気込みと情熱だ。

昆虫採集とは「山野を跋渉《ばっしょう》」し身体を鍛えながら、昆虫の「学理を研究」し、科学的思考を得ることができる高貴な趣味であると同時に「害虫を驅除《くじょ》し益虫を保護」するための活動でもある。国家のために老若男女みんなで昆虫採集に勤《いそ》しもうではないかと語られている。突っ込み所はあるものの、テニスと同じくまずは実用としての昆虫採集を解説しているわけだ。

現在の感覚からすると奇妙に感じてしまうが、これも明治であれば普通の話にすぎない。明治の人々は海外列強に追い付くため、ストイックに西洋文化を取り入れようとしていた。そのため全く役にも立たない娯楽に夢中になるというのは回り道だという人が、まだまだたくさんいたのである。実用になるなら昆虫採集をしてもいいか、というように、当時の人々は特定の西洋文化を受け入れるついでに、他のメリットも享受しようという貪欲さを持っていた。

最後に紹介するのが、科学的かつ合理的に物事を考え、旧弊を打破しようといった気運である。『奇々怪々世界幽霊旅行』（増本河南、本郷書院、明治四十二年）は当時の大衆向けの娯楽小説で、その前書きにこんなことが書かれている。

昔時《むかし》の幽霊は、兎角《とかく》生前に怨恨《うらみ》のあった者の眼前へ迷い出たがったものだが、近来は大《おお》いに悟《さとり》を開き、何《ど》うせ物凄《ものすご》く現れた処《ところ》で、科学の頭脳《あたま》でヤレ幻影だの妄想だのと、玩具《おもちゃ》扱い

にされるだけが能ぐらいで、罷《まか》り違えば、反対《あべこべ》にアルコール漬《づけ》にして、万国妖怪研究会へでも出品される位が落《おち》である

この文章は一種のギャグで、幽霊なんてものは科学で解明できてしまうのだという主張である。こういった文章は、明治の娯楽作品の至る所に登場する。明治の普通の人にとっても、科学的に考えようといった態度は、冗談として成立するくらい馴染《なじ》み深いものであった。

科学的・合理的な考え方が普及した結果、簡易生活は昭和に至り「一年三百六十五日、甲乙上下があるでなく、絶対に同一で、絶対に吉日で、一日たりとも吉と定まり凶と定《さだま》った日はなく、吉不吉は全然人為の結果である。（中略）これに見ても日の吉凶などいうことは、まるで当てにならぬ迷信で、文化日新の今日には速《すみやか》に排除せねばならない」（生活改善同盟会編『実生活の建直し』宝文館、昭和四年）といった結論に達し、友引や大安など気にするな、結婚式や葬式も好きなときにやってしまえと言い切ってしまうようになる。ある意味、過去は現在よりも進んだ面も持っていた。

もちろん明治人の全てがこんな考え方をしていたわけではない。当時はまだまだ格差が

大きな社会で、様々な考え方の人がいた。古い習慣に従いながら、新しい社会に適応していかなくてはならないといった息がつまるような一面もあった。

そのような社会にあっても、頑固な老人を「天保老人」「天保頭」などと笑い飛ばした若者たちがいた。合理的に考えながら、様々なものを取り入れ全部まとめて良くしようという人たちもいた。そんな明るい明治の人々が、寄ってたかって生み出したのが本書の主題となる簡易生活である。

個人が幸せになることの重要性

簡易生活という言葉は明治三十年代ごろから文献で見られるようになる。この時期は西洋列強に追い付こうとしていた時期で、国を強くするため個人が合理的に行動し、幸福な生活を送る必要があった。

なぜ個人が合理的に行動し、幸福な生活を送らなければならないのか、理由は単純だ。国は個人の集合体だからである。個人が弱けりゃ国も弱いという至極単純な考え方だ。

個人が属している最小の集団は家庭である。だから家庭を改善しようといった声も高まっていた。今では当たり前すぎて、家庭という言葉の意味を考えることなどほぼないだろう。しかし明治時代においては、議論の対象となるようなものであった。深尾韶《ふかおしょう》の「醜悪なる家庭」(『家庭雑誌　四巻第二号』由分社、明治三十九年二月一日)によると、明治三十五(一九〇二)年あたりから「あちらにもこちらにも『家庭』『家庭』という声が反響して、人は殆《ほと》んど家庭より外《ほか》に高尚、優美、純潔なる題目を見出すことが出来ないかの感があった。(中略)家庭に関する書籍《しょじゃく》雑誌は目まぐるしい程出版せられ、而《そ》して夫《それ》が羽でも生えた如《ごと》く瞬く中《うち》に売れ行《ゆ》いた」。そのわりに家庭が改良されていない。それだけでなく、今では家庭に反発を持つ者が増えてきた。男ならば社会に貢献すべきなのに、家庭で安逸を貪《むさぼ》るのは卑怯《ひきょう》であるといった論法だ。しかし家庭が安定すれば、安心して社会で活躍することができる。やはり家庭内の幸福量を増やす方向で運営すべきだ。家庭を安定させる方法は、自由、平等、博愛の根本思想である……というように、家庭の意味や役割が議論されていた。

「醜悪なる家庭」の著者・深尾韶は、後年は新聞記者として活躍し、ボーイスカウトの普及にも努めたが、当時は社会主義者として活動していた。最初期の社会主義を、社会を改善するためのツールのひとつとして捉えた人も多く、社会や個人を良くするための考え方である簡易生活とも相性が良かった。『家庭雑誌』の由分社も社会主義系の出版社であるし、編集長の堺利彦も社会主義者として有名だ（ちなみに堺は先に紹介した矢野龍渓から知遇を受けており、思想犯として捕まり出所した際に「大きなカステラ」をお祝いにもらったこともあった）。

話を戻そう。このように国家のため、家庭や生活を安定させることが必要とされていた。当初はインテリたちが中流家庭の人々を対象にして、生活の改善に取り組んでいたが、やがては本書でも紹介している市井の人々も、自分の問題として考えるようになっていった。こうして簡易生活は、家庭や生活を改善させる現実的な手法のひとつに成長することとなる。

当時の人々は、不便で窮屈な世の中だと感じながら生きていた。衣食住全てにおいて、明治は現代より不便で古くさい。文化面も今よりずっと面倒くさく、代表的なのが二重生活と呼ばれる状態だ。

明治の社会には日本と西洋の文化が存在しており、西洋のマナーと日本の作法、両方に対応する必要があった。服に関しても、洋服と和服を着こなさなくてはならない。フロックコートと紋付袴《はかま》をオーダーメイドで注文するなんて不便すぎる。こんなことを続けていると、西洋の列強国に置いてきぼりにされてしまうことだろう。不便なものや、煩雑な生活は改善すべきだ。簡易生活は、そんな要望を実現するためのツールでもあった。

西洋の影響を受けて

先にも書いたように、簡易生活は西洋で発生したものだ。徳富蘇峰のようにキリスト教経由で知る者、堺利彦のように社会主義とともに受け入れる人等、簡易生活を知る経路は様々だが、明治の人々はあまり深くも考えずに生活に取り入れて、合わないところを変化させ、自分たちの手に馴染むツールに改良していく。結果的に西洋の簡易生活と、明治の簡易生活は質的に違うものになる。その違いを知るために、西洋の簡易生活も軽く解説しておこう。

簡易生活が発生する以前、十八世紀のフランスで「自然にかえれ」といった気運が広がっていた。自然というものは良いものである。もしも自然が悪いものなら、人間自体が発生しなかったはずだ。良い自然から生まれた人間は、良い存在であるべきである。ところが文化や文明が進むにつれて、社会は複雑になり、制度に問題が発生し、悪い習慣が形成されてしまった。だから人間は一度自然な状態に戻り、これまで作った悪いものを見直し、平等で素晴らしい社会を作っていくべきだ。良い存在なのだから、できるはずじゃないか……これが「自然にかえれ」の趣旨である。

この気運がフランスから海外へと広がっていく。アメリカではソローという作家が森での生活をエッセーとして書き、イギリスの小説家ギッシングは『ヘンリ・ライクロフトの私記』で自然の中で送る簡素な生活を描いている。こういった空気の中で登場したのがフランス人牧師シャルル・ワグネルの『The Simple Life』だ。明治二十八（一八九五）年の発売当初はパッとしなかったものの、ルーズベルト大統領の愛読書として有名になり、またたくまに百万部以上も売れてしまう。日本でも明治三十三（一九〇〇）年に翻訳書が出版され人気を博し、後に文部省までもが翻訳、出版している。その内容はというと、正直かつ誠実、そして簡素に生きていこうといったものであった。

明治の人々はワグネルの簡易生活を、文化や文明の改善、迷信の否定、平等主義などとともにごった煮にしてしまい、独自のものを作り上げていく。明治三十九（一九〇六）年に創刊された雑誌『簡易生活』の編集長・上司小剣《かみつかさしょうけん》は、『家庭雑誌』の編集長・堺利彦とも親しく、社会主義にも興味を持っていたが、むしろ自分の生活の改善に注力したいといった人物である。政治活動に本格的に参加することもなく、小説家として成功するまでは読売新聞で記者として働いていた。我が道を行くといった人物であり、「ワグネルにはワグネルの簡易生活主義あらん。我輩には我輩の簡易生活主義あり」と宣言しているほどだ。先に昆虫採集がそれ単体ではなく、健康と教育ともに受け入れた事例を紹介した。あれと同じく簡易生活も、簡易生活単体ではなく他のもの、例えば宗教や科学技術、あるいは仙人への憧れなど、様々な文化とともに受け入れてしまったというわけだ。

明治に生まれた簡易生活は、大正、昭和初期を通じかなり流行した。文豪から丁稚《でっち》さんまで、簡易生活という言葉を認識している。風呂に入らず汚い服を着て、これが簡易生活だと言い張るといったギャグが成立したほどである。百貨店の草分けとして知られる白木屋の重役で、簡易生活者としても有名だった高野復一による「簡易生活の真意義」（『ナショナル　十七号』ナショナル社、大正三年』）の冒頭は「簡易生活と云《い》う語は能《よ》く聴く語であ

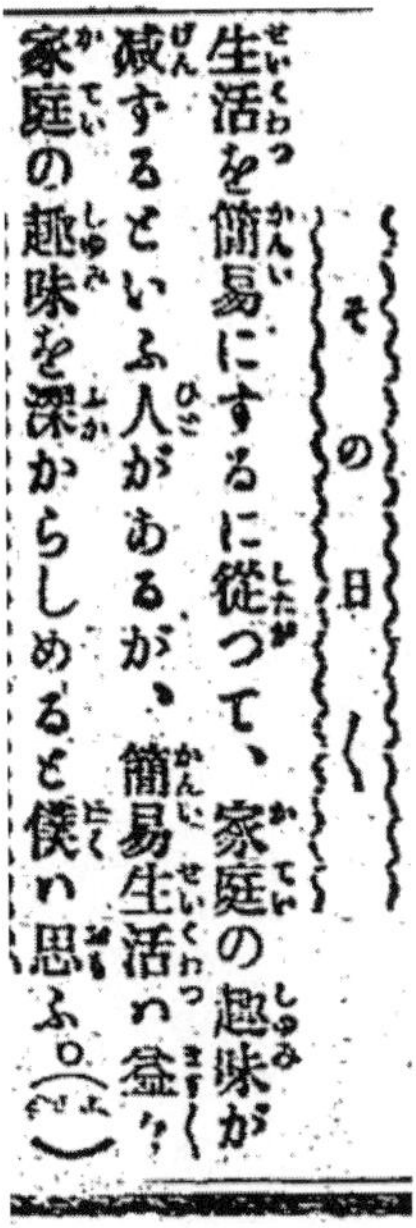
その日〳〵

生活《せいくわつ》を簡易《かんい》にするに従《したが》つて、家庭《かてい》の趣味《しゆみ》が減《げん》ずるといふ人《ひと》があるが、簡易生活《かんいせいくわつ》は益々《ますます》家庭《かてい》の趣味《しゆみ》を深《ふか》からしめると僕《ぼく》は思《おも》ふ。

簡易生活は新聞の投書コーナーに掲載されるくらいにメジャーな言葉であった（『読売新聞　朝刊』明治三十八年五月二十八日）

る、又頗《すこぶ》る響《ひびき》が宣《よ》い一種の現代語である」という一文から始まっている。当時の人々にとっては、自明の語であったとしてもいいだろう。

先にも書いたが、広く使われただけに簡易生活を誤認する人も多かった。宗教家であると同時に、倹約家・簡易生活者として有名だった佐治実然《さじじつねん》の「簡易生活と奮闘生活の関係」(『現代名士修養百話』、天書閣、明治四十二年)には、「簡易生活に対する世間普通の解釈は極めて幼稚」と書かれており、簡易生活を単なる「無雑作《むぞうさ》にダラシない生活」だとしている人も多かったようだ。

簡易生活とはどんなもの?

結局のところ、日本の簡易生活がどういうものなのか、徳富蘇峰が設立した民友社から出版された簡易生活の最初期の解説本『簡易生活』を読み解きながら理解していこう。『簡易生活』で解説されている「簡易生活」を、究極にまで要約すると次の通りだ。

・実用が全て
・簡易で簡素
・余計は排除

これらをどう実現していくのか、『簡易生活』に寺の水飲み場の器が例えとして挙げられている。三緑山芝公園にある弁天池のほとりに寺……恐らく今の宝珠院があった。寺の門前には井戸がある。清く澄んだ水はこんこんと湧き出して豊潤、そして一種の甘味がある。夏には歩く人、労働する人が井戸の水で喉を潤す。人々が井戸に集い、会話を楽しむ一種のサロンのような場所でもあった。

その一方で、炎天下に人々が列をなすという問題も発生していた。この行列を解消するため、誰が考案したのかは不明だが、器にちょっとした工夫がなされた。

使われているのは、なんの変哲もないブリキの器である。しかし水を汲むと、底からチヨロチョロ流れていく。不思議に思い底を見ると、ジョウロの口のような小さな穴が開けてある。躊躇《ちゅうちょ》をしていると、水は器から流れてしまう。勢い人々は、急いで水を飲まざるをえない。この単純な工夫によって行列は解消されてしまう。なんでもないような話だが、日本の簡易生活の原点だけに、様々な要素を持っている。

まずこの方法は、豊富にある水を前提としたものだ。貴重であれば漏れる器など使ってはいられない。水を犠牲にして、得られたものは時間である。水などいくらでも湧き出てくるが、時間は帰ってこないという考え方だ。

もう一つは、切るべきところは切ってしまう態度である。行列は解消したが、サロンとしての水飲み場ではなくなり、実用としての水飲み場となっている。会話は別の場所でしろということなのだろう。このように効率化のためには、多少の犠牲は省みない。

そしてブリキの器である。『簡易生活』が書かれた時代には、かつては高額だった金属製の器も、大量生産によって、穴を開け公共の場所に置いても惜しくもないものになっていた。大量生産に限らず、最新鋭の技術を徹底的に利用してやろうという姿勢も、簡易生活の特色だ。

公共心に訴えるでもなく、複雑なルールを作るわけでもない。ブリキに穴を開ける。実に単純な仕組みであるが、とにかく行列はこれで解消してしまった。

現在、流行している考え方のひとつに、仕組みで人間の行動を変えてしまうというものがある。チェックでミスを減らすのではなく、そもそも失敗できないシステムを作り上げようとするものだが、簡易生活の水飲み場の話と通じるところがある。

ここで一度、水飲み場のブリキの器についてまとめておくと、次のようになる。

・効率の重視
・技術の活用

・単純な仕組み
・多少の犠牲は省みない

なんだか単純で当たり前の話のようにも思えるが、簡易生活は名前の通り簡易なものでしかない。その簡易な生活法を宗教家や社会主義者、政治家や断食に挑戦する男、そして普通の人たちが、大真面目に活用し世界を変えようと強引にこねくり回す。そうして多少は世の中が良くなっていく。そんな様子を眺めるうちに、自分もやってみようかなという気持ちになるかもしれない。

というわけで次章から簡易生活にまつわる様々な人の活動を眺めつつ、現在の生活を改善する方法を検討していくこととしよう。

第一章　明治の始める方法・失敗する方法

一日一時間「何か」をせよ

生活という言葉が登場したのは、明治二十年代のことである。芸術生活、精神的生活など、当初は観念的な意味で使用されていた。今と似た意味で使われるようになったのは、明治三十年あたりに入ってからで、意外に新しい概念である。

明治人は議論が好きだ。生活というものを認識するようになると、当然のように議論が巻き起こる。明治・大正時代の知識人に人気があったオスカー・ワイルドの名言に「生活するということは、この世において稀有のことである。大抵の人は生存している。そしてそれがすべてである」(『社会主義の下での人間の魂』)なんてものがある。これをたまたま読んだ若者が、ワイルドのことをよく知らないままに、我々は生存するのではなく、生活をしなくてはならないと声高に語り出す。そうすると理想的な生活とは何かと、議論をふっかける人が登場する。今となってはたわいのない内容だが、当時の人は大真面目で、そこかしこで生活をめぐる議論が巻き起こっていた。

それにとどまらず自分の人生を実験台として、家庭や生活を改善しようと突っ込んでいく人たちもいた。失敗もすれば間違いもするのだが、向こう見ずな人々の活動は見ていて気持ちが良い。彼らは失敗を恐れない。だからすぐに実行する。
簡易生活を始めるためにも、やはり実行しなくてはならない。始めるためには、何かきっかけがあると都合が良い。というわけで手始めに、当時の人々が考え出した「始める方法」と「失敗に対処する方法」を観察してみよう。
『退出より出勤迄《まで》の充実生活』（丸野内人、日東堂、大正五年）は、仕事とは別に一日一時間「何か」をすることを勧める書籍で、作者は一冊使って延々と読者に何かをさせようと説得している。その過程で作者の脳内読者が、何かを始めることを嫌がり、次のような言い訳をする。

「君の言う所は全く結構な事だ。是非そうなくてはなるまい。併《しか》し家へ帰ってからの我々を見給《たま》え。第一に疲労《つか》れて居る。何をいうにも疲労《つか》れて居る。せめてもの慰藉《いしゃ》は唯《ただ》寝ることにあるのだ。（中略）承知はして居るが出来っこは無いではないか。」

まるっきり現代人と同じような言い訳だが、これに応えて作者は「只《ただ》始めさえすれば宜《よ》いのです」と答えている。当たり前すぎてすごいのだが、これで納得してくれる読者はいないだろう。

堺利彦は「秋のくさぐさ」（『家庭雑誌　一巻第六号』明治三十六年九月二日）で、季節から攻めており、何かを始めるのなら秋だと主張している。


朝起《あさおき》（中略）／冷水浴（中略）／何事も今思い立て　夏の間は何事も投げやりになるもの。何事も今こそ〔秋に〕思い立つべき時である。兼ねて斯《こ》うもしたいと思いながら決しかねた事、或《あるい》は兎《と》かく怠りがちに中絶となった事、それらを思い立つは今である。今の時を過ごしては又寒くなる、年末、正月《しょがつ》、花が咲く、迚《とて》も思い立つ時はない。（中略）改革を断行せよ　家庭の旧弊を破って新風を興《おこ》さんと欲する者、今此時《このとき》に改革を断行せよ。この秋気の清きに乗じて断然として改革に着手せよ

『家庭雑誌』は家庭や生活の改良を説いた雑誌である。編集長の堺利彦は、改善したがりで新しもの好きな人物といった印象だ。後に何度も入獄することになるとは思えない。

当時は軽妙な文章を書く達人として有名で、この一文もなるほどと納得してしまいそうになるが、「夏の間は何事も投げやりになる」「年末、正月、花が咲く、迚《とて》も思い立つ時は

ない」などの部分は、完全な主観でしかない。それでもその気になってしまうのは、堺の面目躍如《めんもくやくじょ》といったところであろう。

以上の資料から、今も昔も始めるのは面倒くさいという事実が判明した。これで終わってしまうのもなんなので、始めることについて、もう少し緻密に考えた明治人も紹介しておこう。

失敗したら取り返しのつかない時代

そもそもなぜ始めるのが嫌なのか、様々な理由のひとつに、失敗するのが怖いというものがあるはずだ。昔の人もそれは同じで、明治時代に失敗を研究した書籍が出ている。

明治四十年代は不景気かつ、不安定な時代であった。就職難もあり自殺も多かった。若者たちは人生が上手くいかないことに、諦めすら感じている。まして失敗してしまったら、取り返しがつかないといった雰囲気で、何かを始めるのがおっくうな時代であった。こういった世相を、当時は厭世《えんせい》、あるいは煩悶《はんもん》といった言葉で表現していた。厭世し煩悶する若者を救うために登場したのが、失敗の専門書『失敗の活用』(蘆川忠雄、実業之日本社、明治四十三年)だ。

『失敗の活用』では「失敗は、後年に於《お》いて最良の成功を奏するための手習草紙」なのだから、「恐るるに足らず」だとしている。しかしながら現在の青年は、「成功をなすの念に急にして、一小失敗、一小蹉躓《さち》〔失敗しつまずくこと〕のある毎《ごと》に、其心神《その》を苦《くるし》め、其意気を沮喪《そそう》〔元気がなくなるの意〕し、其快新なる勇気を沮喪し〔くじけさせ〕、自ら求めて此《こ》の最も愉快に富める人生という楽園」を失ってしまう。だから若者は失敗に「一大恐怖心」を持っている。そして失敗をすると、「宛《あた》かも身命の旦夕《たんせき》に迫りたる〔死を目前にした〕人」のようになってしまう。

「今日の青年は自己の心事〔思うことと現実〕を他人に比し」「自己の不幸」を悲しむことがあまりに多い。これでは悲観的になりすぎ、上手くいくものも失敗してしまう。

「失敗をなさずして」成功した人はこれまで一人もいない。だから失敗したほうがいい。失敗は恥ではない。

次のような態度で、大いに失敗すべきだ。

・自己の力の全てを尽くした結果の失敗なら恐れる必要はない
・公平にして中庸な態度を維持し失敗を観察しろ
・自分に都合良く考え出した解決法は捨ててしまえ

準備をした上で全力を尽くし、失敗したら客観的な態度で観察して分析、次に活かそうという考え方だ。これを追求していくと、失敗を科学的に分析するといった態度に至り、現在の失敗の科学に到達するはずだ。明治としては、それなりに考えられている結論だといえる。

何事にもとらわれない

もっと単純な解決法を考案した人もいて、無名の女性による「女の主張」（『家庭雑誌五巻第九号』明治四十年七月一日）という投書を取り上げよう。

煩悶とは何ですか　　あき子

（中略）此頃《このごろ》男子方には大層殺風景な事〔自殺など〕が流行《はや》って居《お》りますね。そして夫《それ》が皆《みん》な煩悶の結果ですってね。煩悶とは一体どういう事なんですか。（中略）其事《そのこと》ありの儘《まま》をありのままに仰《おっ》しゃれば能《よ》うく判《わか》るものをわざわざ面倒な理窟を附けて判らなくして了《しま》う。（中略）男子方の『煩悶に堪えない』などと仰しゃる裏面《りめん》には（中略）『ああお金が無くって困る。どうして生活《くら》そうか。善《い》い衣服《きもの》が欲しい。妻を得たいけど相手が無い。相手があっても楽しく生活《くら》して行《ゆ》くのは経済が許さぬ。』というのが煩悶で、悲観というのも別段そんなむずかしいものでは無く、唯《ただ》単純な『かなしい』というのでしょう。こう判って見れば何時《いつ》までも五里霧中にヤキモキせずと、唯一歩一歩光明の方へ進む工風《くふう》をするのが利口というものです。

ゴチャゴチャ考えていないで、手と頭を動かして工夫しろという厳しい意見だ。結局のところ一個人が失敗を恐れず行動する方法など、こんなものなのかもしれない。

簡易生活的に何かを開始し、失敗に対処する方法としては、「とらわれない」という考え方がある。『殺活自在処世禅』（丸山小洋、須原啓興社、大正五年）は約三百ページにわたって、初老の僧侶が若者に説教をし続けるという書籍で、普通ならちょっと読みたくないのだが、とらわれないことの重要性が語られているので紹介しておこう。

最近の若者は「宇宙の真理を悟る」などと語るが、そんなことは無駄だと作者は喝破する。なるほど普通は宇宙の真理を悟ることなどできないのだから、事実ではある。「或《あ》る人は旧弊に囚《とら》われ、或る人は新弊に囚《とら》われる」。然《しか》るに現代の多くの青年は「古い道徳はいかん、古いドグマはいかん」とやたらに新しさを追い求め、「新しい思想を持ったものは宣《よろ》しく自由たるべし、酒も大《おおい》に飲むべし」と語らい合っている。

しかしそれは、「自由を得たのでなくてその新しいと云《い》う字に囚《とら》われている」。「今の人は自覚と云うことをよく言うが、自覚々々と二十年も云うて居《お》ってそれで自分でも何の事やら分《わか》らぬと云う話もある、吾人は現代を超越せねばならぬと云う、其《そ》れでは左様《そう》いう人が果《はた》して現代を超越したのか」。本当に超越した者など、誰もいないではないか。

そうして作者が出した結論はというと、とらわれるな、自由になれということである。思想が自由になればなるほど、行動も自由になるべきである。それじゃどうすればいいのかというと、「平凡のことを真に平凡に行うことが大切である」。なるほど、といった感想だ。

結局のところ『殺活自在処世禅』も「煩悶とは何ですか」と似た結論で、「其事ありの儘をありのままに仰しゃれば能うく判るものをわざわざ面倒な理窟を附けて判らなくして了う」のは無駄であり、「唯一歩一歩光明の方へ進む工風をするのが利口」ということなのだろう。

以上、明治の「始める方法・失敗する方法」を紹介してきた。これをまとめると次のようになる。

・始めさえすればよい

・失敗してもとらわれない

・改善すればいい

こういった態度で実際に簡易生活を実行し、奥さんに怒られ失敗した人物を発見することができた。当たり前を実行するとどうなるのか、続けて紹介していこう。

誤りはすぐ認め改善

すでに序章で登場しているが、上司小剣という小説家がいた。いくつもの渋い作品を書き残しており、自分をちょっと遠くから見ているような人である。上司は簡易生活の実践者で、明治三十九(一九〇六)年には簡易生活の専門誌『簡易生活』(簡易生活社)の編集長として活躍をしている。上司はかなり慎重な性格の持ち主なのだが、その一方で斬新な企画を立ち上げた。

彼が立てた企画のひとつに「簡易生活の実例」(後に「簡易生活日記」に改題)がある。上司の妻・雪子が、日々の簡易生活を記録していくというものだ。奥さんは、立派な文章なんてとても書けないと一度は断わったものの、簡易生活の仲間から「イヤなまじい学問や経験のある婦人が、高慢じみた修飾のある文章を書くよりも、娘あがりの無邪気な人が、思っただけのことを何《な》んでも片ッぱしから書いた方が面白い」と説得され、「仕方無しに、仰せの通り思ったことを片ぱしから、皆《み》な書きまして、出来上ったのを良人《おっと》になおして貰《もら》いましたのがこれでございます」といった経緯で成立した企画である。

少し話がそれてしまうが、簡易生活者たちがどのような生活をしていたのかを、とある日の記述から紹介しておこう。

十一月二十四日（土曜、晴）夕方、堺さんと大杉さんといらッしゃる。まだご飯前でございましょうと伺いますと、『弁当持参です』と仰《おっ》しゃって、大きな竹の皮にお鮓《すし》の包んだのをお出しになる。それではお汁《つゆ》でも拵《こしら》えましょうと、鰹《かつお》節のだしを取りにかかりますと、大杉さんは余程お腹がお空きになっているものと見えて、『惨酷だなァ、早く喰《た》べたいなァ』と仰しゃる。良人は『マア待ち玉え。直《す》ぐ出来る』となだめる。

（「簡易生活日記」『簡易生活　第三号』明治四十年一月一日）

堺さんというのは何度も登場している堺利彦、大杉さんは大杉栄、二人とも明治社会主義者として有名だ。歴史に名を残している人物も、現代と同じような生活を送っていたのだなといったところだろう。

「簡易生活日記」で面白いのは、雪子が書いた上司の行動が、何度か彼女本人や第三者に批判されている点だ。一時期の上司は、健康のため毎朝冷水浴をしていたのだが、「椽端《えんはた》（縁先のこと）へ水桶を持ち出して、肩から浴びるのでございますが、それはそれは大変な騒ぎで、ソコラ中水だらけになるので、イツも私が跡の始末に困ります」（『簡易生活　第一号』明治三十九年十一月一日）と、ちょっとした愚痴を書いている。これを受けて次号で雪子の友人が、上司の行動に突っ込みを入れている。

保子〔堀保子のこと〕

雪子さま

（中略）御主人様椽端へ水桶を持出して冷水浴をなさるとありますが、本当に跡のお始末が大変でございましょうね、（中略）そんな御手数のかかる事をなさらんでも、井戸端でザブリザブリとやっていらした方が余程よかろうと思われます。

（『簡易生活　第二号』明治三十九年十二月一日）

この投稿を読んだ上司はどうしたのか。『家庭雑誌　五巻第三号』（明治四十年一月一日）で掲載された小文で、「直《す》ぐ起きて、先《ま》ず井戸端で水を浴びる」と書いている。上司は素直に奥さんの友人のアドバイスに従ったのである。

冷水浴だけでなく「簡易生活日記」には、上司にとって都合の悪い出来事がいくつか綴《つづ》られた。その文章を最終的に確認しているのは上司であり、削除しようと思えばできたはずなのだが、そのまま掲載している。こういった事実からも、上司が自分を客観的に眺めることができる人間で、誤りは認め改善すべきところはすぐ改善する簡易生活の実行者であったことがうかがえる。

わざわざ小さい部屋へ引っ越しした男

そんな上司が簡易生活の追求のため、一つの試みをなす。現在住んでいる家の庭は百坪、部屋数も十分にあり離れ座敷まである。しかしこれは簡易ではない。簡易生活を追求するために、小さな家に引っ越しすべきではないか……と考えたのである。上司には、もうひとつ引っ越しをしたい理由があった。

一切の趣味を排斥し、総《す》べての技巧を打破し、文学とか美術とか云《い》うことを、真ッ向から叩きつけた、赤裸々の、乾燥無味の、只《ただ》眼前咫尺《しせき》の間に横《よこたわ》って居る黒闇闇《こくあんあん》の生活問題を捉えた小説を書いて、気の弱い日本の文学者なんて云うものを驚かしてやりたい。とは我輩の去年からの願いである。

それで先《ま》ず家を塵埃《ごみ》だらけの貧乏長屋の一偶に移して、そろそろと趣味とか、美とか云う悠長なことを掃き棄《す》つべく支度に及んだ

（「紅涙」『家庭雑誌　五巻第五号』明治四十年三月一日」）

最高の文学作品を書くために、小さく汚い家に引っ越そうというわけだ。小さく汚い家に引っ越し、苦しい生活をすれば最高の小説が書けるというのは、明治に流れていた雰囲気のひとつで、当時は真面目で苦しければ良い作品を描くことができるといった考え方があった。もちろんそんなことをしたところで、良い作品など書けるわけもないのだが、とにかく上司は黒闇闇の生活を送ろうと目論《もくろ》んでいたのである。

上司はそれでいいかもしれないが、奥さんからするとかなり迷惑な行為だ。しかし上司

は止まらない。彼が引っ越しを決意した時期の「簡易生活日記」を見てみよう。

十月二十一日（日曜、少しく雨ふる）（中略）良人《おっと》は（中略）十一時ごろ歸《か》へってきて、急に海老《えび》のフライが喰《た》べたいと云い出し、いく〔お手伝いさん〕に魚屋を見せにやりましたが、無い。雨の降る中を良人は品川あたりまで、方々の魚屋を探しに行って、二時ごろ何処《どこ》にもないと云って、ショゲ返って帰って来る。ソコで私がお豆腐のテンプラを拵《こしら》えました。

（「簡易生活日記」『簡易生活　第二号』明治三十九年十二月一日）

上司がエビフライのためにエビを二時間以上も探し続けるが手に入らず、奥さんが代用に豆腐のテンプラを作ってくれるという、ほのぼのとした家庭の風景だ。エビフライに限らず、そうと決めたらやり遂げようとするのが上司で、その鉄の意志によって引っ越し騒動も起きてしまうわけだが、翌月十一月十一日（日曜、晴）に不穏な動きを見せ始める。

午後白柳さんと良人と私と三人にて渋谷散歩、六時ごろ帰りて鶏のだしでウドンを煮て

喰べる。白柳さん九杯、良人九杯、ドンブリに山の如《ごと》きウドンの玉忽《たちま》ち無くなる。ウドンの後で二人ともお茶漬二杯ずつ。（同）

白柳とは上司の友人であり、小説家や歴史家として知られる白柳　秀　湖《しらやなぎしゅうこ》、両者ともにうどんを食べすぎだろうといったところであるが、実はこの散歩の際に、上司は引っ越し先を探していた。そして自分を追い込むかのように、同号の雑誌に転居広告を掲載する。

転居広告

東京府豊多摩郡渋谷村大字下渋谷（中略）　上司小剣

十二月一日に移転する筈《はず》です。小いさなケチな家です。これも簡易生活実行の必要から起ったことです。皆さんチトお遊びにお出で下さい。（同）

上司小剣の偉大な失敗

翌月一日、上司一家は渋谷の小さく汚い家へと引っ越しすることとなる。妻・雪子は次のように綴っている。

十二月一日（土曜、曇後晴）三年ばかり住《す》って居《お》りました白金今里町の、私どもに取っては可なりに広い家から、下渋谷の小いさな家へ引き越しました。借家でも長く住まって居たところを離れるのは厭《い》やなもので、ご近所へお暇《いとまご》乞いに参りますと、涙を溢《こぼ》す方などもありまして、私もツイ悲しくなりました。十一時頃家財を纏《まと》めて、四台の車〔荷車〕に積んで下渋谷の家へ参りますと、前の家に馴《な》れたせいか、狭くて鼻をつくようで、大変に零落したような気持ちがいたしました。それも其の筈です、前の家《うち》は離れ座敷まであって、空地《くうち》も百坪からあったのですが、今後の家《うち》は僅か三室《みま》で、総てが貧乏長屋式ですから、簡易には簡易ですが、馴れるまでは不愉快に思います。

（「簡易生活日記」『簡易生活　第三号』明治四十年一月一日）

「簡易には簡易ですが、馴れるまでは不愉快に思います」などの文章から、奥さんのそこはかとない怒りを感じ取ることができる。引っ越し先の家を見た知人の反応はというと、次のようなものであった。

十二月八日（土曜、晴）午後白柳さんいらッしゃる、家の見すぼらしきを見て、『よく決心しましたね』と仰しゃる。（同）

一方の上司は「小さい家」（『簡易生活　第四号』明治四十年二月一日）で、小さな家は最高だと語っている。

我輩も実は、従来少しは虚栄心もあったと見えて、収入に不相応な家に住んで居たのであるが、簡易生活主義を奉ずるようになってから、断然意を決して、今の三室《みま》の長屋へ転居した。それでも最初の中《うち》は、何《な》んだか尾羽《おは》打ち枯らしたような気がして、時には不愉快な心も起《おこ》り、前の家を夢に見ることもあったが、慣れるに従って、万事が簡易で、便利で、今までの生活の煩瑣《はんさ》であったことが、ありありと回顧される。僅か百余坪の庭園と、五つの室とを有していた家から、三室の長屋へ移ってさえ、こんなに気楽に、便利に感ずるのだもの、若《も》し金衣《きんい》玉食《ぎょくしょく》の牢獄的生活をして居る人が、俄《にわか》に僕の今の家に住んだならば、一時に身辺の羈絆《きはん》〔わずらわしいこと〕を脱して、真に羽化登仙《うかとうせん》する思いがあるであろうと思う。

引っ越し大成功だと思いそうになってしまうが、実はこれは単なる強がりであった。その本心が「転宅悲劇」（『家庭雑誌　五巻第三号』明治四十年一月一日）に書かれている。

白金の（中略）家を見捨てて、下渋谷の（中略）貧乏長屋に移った時は、流石《さすが》に悲しかった。（中略）前日の十一時ごろ枕についたが、容易に眠られない、（中略）十二時が鳴り、一時が鳴り、二時が鳴って、三時の鳴るのは流石に聞かなかったが、うとうととしたかと思うと、モウ夜が明けた。（中略）四畳半の我が書斎に入って、本箱を片付けかけたが、何んだか気が進まぬ、中止して跡のこと一切を家《うち》の者に頼んで逃げ出そうとすると、家主《おおや》の細君が、お菓子を持って暇乞いに見える、近所の誰れ彼れが来る、一軒おいて隣りのお婆アさんなぞは、オイオイと泣いて居る。（中略）急いで門を駆け出して、銀座の勤め先きへ行った。

午後の五時ごろ、品川まで電車で、それから先きは汽車で、渋谷の新宅へ行って見ると、荷車の来ようが遅かったそうで、まだなかなか片付いて居ない。玄関と六畳と三畳との長屋で、その狭い所へ荷物がだらしなく持ち込まれた状《さま》は、前の家《うち》の物置きを少し広くしたようなものだ。僕は妻と顔を見合わせてホロリとした。

とまあ、かなりヘコんでいるのである。あまりの気の進まなさに、引っ越しの手伝いから逃亡までしているのだから酷い。そんなに嫌なら引っ越しなんてしなければいいのだが、どうしても実験してみたかったのだろう。

メンツより実利

この引っ越しの行く末はどうなったのか、上司は『簡易生活』の編集長であり、転居広告を出した上に、小さな家のメリットを喧伝してしまっている。不満でも住み続けるのが普通であろう。しかし彼は普通の人ではなく、生粋の簡易生活者だ。だからその翌月には失敗を悟り、あっさり引っ越ししてしまう。

家を塵埃だらけの貧乏長屋の一偶〔かたすみ〕に移して、そろそろと趣味とか、美とか云う悠長なことを掃き棄つべく支度に及んだところが、思ったよりは生むが難儀で、いろいろと差し障りが出来て、貧乏長屋の籠城は僅か二ヶ月、柳暗花明《りゅうあんかめい》、山青く水白き村に住む悪友に誘惑されて、到頭其《そ》の村に移った。

（「紅涙」『家庭雑誌　五巻第五号』明治四十年三月一日）

ちなみに悪友というのは、上司と大食い勝負をしていた白柳秀湖だ。自分の雑誌に転居広告を出し、仲間から激賞もされていたのだが、駄目だと思えばすぐに改める。全く失敗にとらわれていない。それじゃ妻の雪子はどうだったのか。

一月三十一日（木曜、曇）泥田のような路《みち》を引ッ越し車四台に荷物を載せて、目黒の新宅に移る。良人は朝早くから引き越しの手伝いは御免だと云って逃げ出し、私といく〔お手伝いさん〕とで散々忙しい思いをして、十二時頃漸く《ようや》目黒に着きました。今度の家は狭いが間取りがよく、座敷の八畳を良人の書斎に、次の六畳を茶の間に奥の四畳半を私の室《へや》に致しました。

（「簡易生活日記（二）」『簡易生活　第五号』明治四十年四月十一日）

またもや引っ越しの手伝いから逃げ出しており、無責任極まりない。それでも雪子は、引っ越したあとの夫の様子を、愛情を持って描いていた。

二月五日（火曜、晴）良人は古道具屋から四円で西洋本箱を買って来て、それへ本を入れて傍《そば》を離れずに眺めて喜んで居ます。前の煙草《たばこ》屋の店にあるような本箱が不用になったので、茶箪笥《ちゃだんす》の代りに使うことにしました。（同）

引っ越しでみんなに迷惑かけたけど、気に入った本棚が見付かったのは良かったねと、声をかけたくなる風景だ。

これで上司の引っ越し騒動は終わった。一個人がやらかした単なる失敗でしかないが、ともあれ彼の行動をまとめてみよう。

・思い付いたらすぐ実行
・失敗を恐れない
・間違えたら改める

上司小剣は引っ越したいと思ったら、「始めさえすればよい」と引っ越ししている。「失敗してもとらわれない」から、失敗したなと思ったら「改善すればいい」とばかりに、不便な家から新しい家へと再び引っ越しする。

簡易生活の「始める方法・失敗する方法」そのままの行動で、かつてこんな生活を送る簡易生活者たちが生きていた。なんとなくではあるが、簡易生活者たちの雰囲気のようなものは感じられたのではないだろうか。

パンで簡易生活を夢見た男

最後に彼らの活動が結実し、後世の多くの人が簡易生活を送るようになったという事実を紹介しておこう。

『六十三大家生活法：比較研究』（石上録之助、忠誠堂、大正八年）は、当時の先進的な人々による生活法を集めた書籍である。その中に「改良麺麭《パン》主義鴨居工学博士式生活法」の項がある。改良麺麭主義とは簡易生活の一種で、朝食をパンにして時間を節約しようというものだ。「生活法の単純化と云うことが、種々考えられるようであるが」、それは社会そのものが単純化されなくては実現できない。朝食のために米を炊き、味噌汁を作ると一時間はかかる。これをコーヒーとパンにしてしまえば、朝起きてから食べ終わるまで二十分もあれば済むため、実に簡易な生活となる。

そこで鴨居工学博士は「改良麵麭主義」生活に挑戦しているのだが、日本で販売されているパンが不味《まず》いため続かない。この簡易朝食を実行するためには、美味《うま》いパンが必要で、そのためには社会が全力でパンの改良をする必要がある。世界で最も美味いパンはオーストリアで食べたゼンメルである。ゼンメルさえあれば簡易生活ができるのだが、「惜しいことには其《その》製法が日本に伝わって居ない」。以上を要約すると美味いパンを販売すれば朝食が簡易になるという話である。

ゼンメルとは、カイザーゼンメル、またはカイザーロールのことで、製法に関しては他のパンとの差はほとんどない。鴨居工学博士が美味いと書いているのは、たまたまオーストリアで状態の良いゼンメルを食べていたからで、大正時代のパンが不味かったのは、小麦粉やバターの品質が低かったというのが真相であろう。

ここで現代の生活を見直してみると、美味いパンはそこら中に溢れている。そもそも大正時代の竈《かまど》と比べると、調理器具が圧倒的に進化しているため、二十分でお米を炊き、味噌汁を作ることも可能である。インスタント食品を導入し、電子レンジを駆使すれば五分もかからず用意は終わる。朝食を食べる時間がなければ、通勤通学路のコンビニでおにぎりの一つも買えばいい。こう考えると大正時代の鴨居工学博士が夢見た改良麵麭主義は、今や実現されている。

つまり明治大正からずっと先の時代に生きている我々は、すでに簡易生活を始めており、日々を送っているのである。環境は整っているのだから、足らないものは簡易生活の考え方だけだ。考え方が分かれば、改善する方法も理解でき、自然に失敗に対処できるようになるはずだ。

第二章　簡易生活は超合理的に考える

物はどこまで減らすべきか？

自宅にボールペンが十本あるとする。これをほとんど捨てて一本にしてしまうのが、近年流行している生活法で、いわゆる捨てるための技術である。これは世の中が豊かになり、物に翻弄されている状況を改善するために生まれたものであろう。

私も実際に物が少ない部屋で暮らしていたことがある。確かに快適な生活を送ることができたのだが、この方法には環境が変化すると維持しにくいという問題がある。

さらに危険なのは、便利でもなんでもない日々を送る危険性があることだ。もともと捨てるための技術は、物を減らし快適に暮らすための手法であったのだが、現代ではその目的は多様化している。

例えばストレスの解消として、買っては捨てるを繰り返している人もいるはずだ。それが趣味であるのならば問題ないが、生活法としては破綻を来している。自分の生活空間を世間で流通している理想的なイメージ――タワーマンションのパンフレットのような部屋にするため、捨てる行為に没頭していたなんてこともあるだろう。本当に心の底からパンフレットのような部屋に住みたいのであればそれでいいのだが、冷静になって考えてみると、自分の好みではなく世間の好みに合わせて生きているだけなのかもしれない。

簡易生活者で整理整頓の名人として知られていた田尻稲次郎は、『簡易生活』(文武堂、大正六年)で、「簡易生活は自己の賦性〔才能〕に適応する」ものだとしている。自分の才能や好みを活かすために、簡易生活を実行するわけだ。このような考え方に基づいて、簡易生活では物をなるべく増やさない。無駄なものがあると、自分の才能を発揮するために邪魔になるからである。

単純に物を減らすことも推奨されていない。必要ないものなら捨てればいいが、無理やり減らすのは時間の無駄だ。そして「有用の部分と無用の部分と比較して無用の部分多きに過ぐるときは之《これ》を避くる」という理屈が基本になっている。交通の便が悪い場所に住んでいるのであれば、ある程度まで備蓄をしておいたほうが、有用だ。備蓄をしたくないのなら、交通の便の良いところに引っ越すのが簡易だというように、あくまで実用本位で考える。

簡易生活では、どうでもいい部分は自分の好みより、合理性を優先する。なぜなら生活を「自己の賦性に適応」させるためである。心の底から美しい空間に住みたいと思うのであれば、どんどん追求すればいい。特に理想もなく、どこかでちょっと見聞きした生活を再現しようと必死になるのは意味がない。それほど好きでもないのなら、機能だけを追求して生活したほうが簡易であり、合理的だと考えるのが簡易生活である。

極端なことは疲れるから続かない

このように基本的に簡易生活は、合理性を第一にする。その態度がいかんなく発揮されすぎて暴走してしまったのが大石禄亭生の「貧者の心得」(『家庭雑誌　四巻第五号』明治三十九年五月一日』)だ。

「貧者は貧乏の真相を表白し、其《その》悲惨なる状態を富者に見せ付けるべく勉《つと》めねばならぬ」。なぜなら貧乏の状態を見せることで、貧富の差をなくそうという動きが生まれるからだ。だから「貧乏を秘し置くと言《い》うは、恰《あたか》も伝染病を隠して置くが如く甚《はなは》だ危険な事である」。

また「他人より物を貰《もら》い、又《また》施しを受けつつあるは、最も下層の貧民でなく、劫《かえ》って中流以上に位《くらい》する一種の人間なる事である」。中流以上の人がものを得るより、下層の人の生活が快適になったほうが社会全体のパフォーマンスは向上する。だから「貧者は富者から施しを受ける事を当然と思うべき」だ……とここまでは一応の理屈が通っている。

ところが簡易生活を実行している人々は、時に極端になりすぎる。この文章では「貧者は借りたものを必ずしも返すに及ばぬと言う事を考えねばならぬ」と続き、「貧者が富者から物を貰《もら》った時、必ずしも返礼を為《な》すに及ばぬ」「少量の慈善などに満足せず、否寧《いなむし》ろ之に不平を唱えてそれ以上の物を要求し、決して返礼などの心配をせぬがよいのである」。「貧者と言う階級を此《この》社会に存して置く事は人間全体の不利益であると言う事を知らしめるのか肝要であろう」となっており、少々やりすぎだろうといった結論にまでたどり着いている。

もっとも大石禄亭生が、常にこんなことを書いていたわけではない。禄亭は和歌山在住の医師・大石誠之助の雅号、後に大逆事件に巻き込まれ処刑されてしまう人物だ。『家庭雑誌』においては、西洋料理のレシピを多数紹介した。好きが高じて明治三十七（一九〇四）年に食堂兼料理教室を作るものの、一年ほどで廃業している。廃業の理由は不明だが、極端な「貧者の心得」の読了後だと、まだまだ西洋料理に馴染みがない人が多いなか、本格的なものを出しすぎたんじゃないのかなと想像してしまい、少しおかしくなってしまう。

大石に限ったことでもなく、先鋭的すぎる簡易生活者たちは多数いた。井戸を掘るよりは水道のほうが便利、列車の切符も廃止したほうが簡易、そもそも金が簡易ではない。商売すら廃止してしまい、米から下駄《げた》まで必要なものを必要なだけ持ってこられるようにしたほうが簡易と、どんどん極端になっていく。貧富の差があるから階級ができる。階級があるから敬語や適切な服装などといった、面倒な習慣ができる。みんなで共同して平等に暮らせば簡易生活は実現できる。というわけで、最終的には社会主義者になってしまう人たちもいた。

そんな極端な人々に突っ込みを入れる簡易生活者も登場する。佐治実然による「余の簡易生活」（『簡易生活　第三号』明治四十年一月一日）は、「簡易生活と云《い》う事は、従来《これまで》いろ〳〵と、社会主義を唱えて居《い》るような人の口から説かれて居《い》るが、要するに皆、『簡易生活は共同生活が行われんければ成立《なりた》たん。共同生活は簡易生活の最もよい手段だ』と説かれている。しかし私は、簡易生活とはそんなものじゃないと思う」「各々の趣味が違うと云《い》う事は、これも一つの人間の楽《たのしみ》であって、それをすべて犠牲に供するとしたならば、或《ある》意味から云《い》う簡易にもなろうけれど、全く乾燥無味になってしまやしないかと思う」と、極端になりすぎるなと語っている。

上司小剣の考え方もこれに近い。現実的に考えれば共同生活なんて無理なのだから、消極的に簡易生活を実行していこうではないか。まずは自分の家の玄関を物置にでもして、ヘッツイ（今のガス台にあたる竈）を改良することから始めよう。明治の技術や環境では、各家庭が薪《まき》で湯を沸かし風呂に入るのは無駄が多い。だから清潔で広大な浴場を作るか、大量の湯を沸かし各家庭に送ったほうが簡易である。というように、あくまで現実的に考えている。もちろんそんなやり方は生温《ぬる》いと、上司を批判する人もまた登場する。

このように簡易生活を試みる人々が議論をしながら、徐々に妥当なところへと落ち着いていった。

最終的にどうなったのか。極端なことは疲れるため続かない。また理想的すぎることは、今日できない。社会全体を変えてしまえといった理想も大切ではあるが、まずは合理的に考える力を育て、自分の生活を改善しようではないか、この辺りの穏当な所に簡易生活は到達している。

便利さは愛情を減らさない

完全に理想的な生活をするためには、蔓延《まんえん》している悪い習慣や考え方を一変してしまわなければならない。それにとどまらず、さらなる技術の発展も必要だ。人間関係のトラブルが起きない生活をするためには、人類全体の知性すら向上させる必要があるわけだが、そんなことを一人の人間がなしとげるのはまず無理である。しかし不完全であっても、自

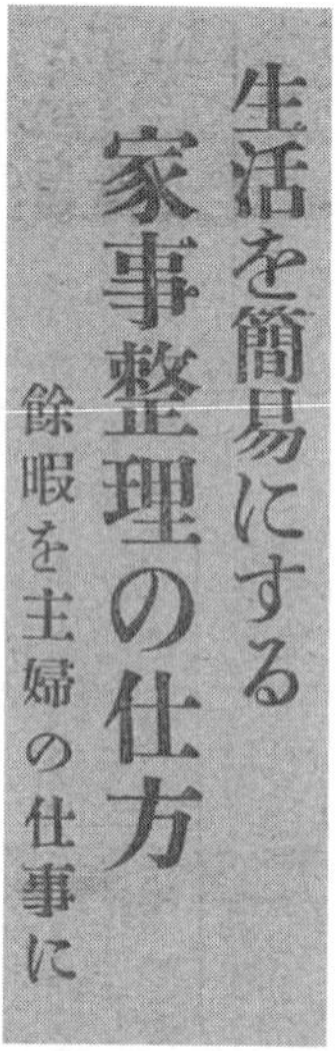
生活を簡易にする
家事整理の仕方
餘暇を主婦の仕事に

家事の簡易化はいつの時代も課題だった（『朝鮮新聞』昭和八年十月十三日）

分の生活くらいは簡易生活で改善できる。

簡易生活をより良く実行するためには、自分の思想を変える必要がある。そのために、理由を調査し理屈で考えながら、自分を納得させていく。これが簡易生活の基本だ。生活の中で改善したい場所は人それぞれだが、ここでは簡易生活と関係の深い家事について考えてみよう。

現在、手作業は愛情といった考え方がある一方で、求められる家事の水準が高すぎるという批判がある。家事の水準を落とせば愛情が減り、愛情を増やせば家事の難易度が上がっていくといった難しい状況だ。この問題を簡易生活的な考え方に従って解決するのであれば、次のようになる。

・科学技術と工夫で家事を究極にまで効率化する
・発生した余裕で生活の水準を上げる
・生活が素晴らしいものになる

・素晴らしい毎日を送ることで心に余裕ができる
・他人に愛情を大量に注ぎ込むことが可能になる

このように簡易生活は、単純かつ合理的に物事を解決していく。明治時代には「台所廃止論」（中尾傘瀬『家庭雑誌　四巻第一号』明治三十九年一月一日）という挑戦的な改善策があった。台所廃止論とは、その名のとおり台所を廃止することで家事を効率化させるというものだ。

台所廃止を唱えた男

「台所廃止論」には、「近来、家庭の研究が一種の流行のようになッて」「東京市中で発行せらるゝ婦人と家庭とに関する雑誌だけが、四十幾種」と書かれており、現代よりもずっと家庭に関する話題が流行していた。

ところが著者は、そんな風潮に批判的だ。なぜなら「料理とか裁縫とかいう、旧来《きゅうらい》の家庭向《かていむき》のものを奨励する気味があらわれている」からである。「家庭の自覚でもあろうが、この自覚は既に遅い」。著者が目指しているのは、「料理とか裁縫とかいうものを、おいおい家庭の内より退くべき機運」だ。当時の調理時間は今よりずっと長い。「主婦は朝から晩まで、台所の仕事に其心《その》と其手《その》とを、殆《ほとん》ど絶間《たえま》なく働かし通しではないか」。そんな現状を打破すべく、彼は台所を廃止してしまえと語っている。

台所という所は、
—時間の経済から言ッても、
—金銭の経済から言ッても、
—又人間の経済から言ッても、
余程の不利益な、又不都合の甚《はなはだ》しいものである。

「蒸気力、電気力の発明に依《よ》って、すべて人力を要したものが、一大変革を遂げているのに、台所だけは尚依然として旧時の体裁と習慣とを残しているのは頗《すこぶ》る奇怪である」。この問題を当時の技術で解決する方法として中尾が提案したのは、地域に給食センターを作るというものであった。食事を一括で作ってしまい、各家庭に配達すれば台所仕事は消滅する。

著者の中尾は岡山県の高等女学校の先生で、「天才ある婦人ならば、其婦人《その》は台所に入ッたが為に、可惜《あたら》天才を没却して仕舞《しま》う」ところを幾度も見てきた。「音楽に進もうとしても、読書に進もうとしても、（中略）多くの時間を台所に消されていては、実際志はあッても、なか〳〵出来るものでない」。台所がなくなれば、主婦が様々な活動に参加できる。これは人類の進歩のためにも必要なことだというのが、中尾が出した結論だ。

納得のできる話ではあるものの、残念ながら実現はしなかった。台所廃止論は東京の特定地域であれば、明治においても現実的な提案である。しかし先に引用したように「各々の趣味が違うと云《い》う事は、これも一つの人間の楽《たのしみ》である。毎食みなと同じ給食を食べることに抵抗を感じる人も多かったことだろう。

また「台所廃止論」の対象となっているのは、当時の中流以上の家庭である。湯浅観明『理想の家庭』（富田文陽堂、明治三十八年）には中流家庭の様子が「自分のことをするに自分の為《た》めか他人への見柄《みえ》か殆ど解《わか》らぬ位《くら》いだ。床の間や応接間に数寄を衒《てら》うような奢《おごり》（虚栄心）の費用を、台所や流下《ながし》（水廻り）に使うようにするが好い。何故《なぜ》ならば此所《ここ》が最も人体と密接の関係があるからだ」と描写されている。

当時はまだまだ虚礼や見栄を重視した生活を送る家庭が多かった。あの家と同じものを食べるのは嫌だなんて思う人もいたはずだ。「台所廃止論」が実現していたとして、どれだけの人が利用したのかと想像すると、少々厳しい結論に至る。台所廃止論は理想的かつ合理的ではあるのだが、それのみで社会を動かすことは難しい。

人を機械のように使ってはいけない

もう少し現実的な改善方法で問題を解決した例として、ふみ「米磨器械の話」（『家庭雑誌　三巻第二号』明治三十八年二月二日）を挙げることができる。これは家庭内でお手伝いとして働くふみが、簡易生活者の堺利彦に米磨器械を渡された際の雑感である。ふみは常日頃から「寒中の水道の水は骨にしみとおるほど冷たい」と感じていた。堺はそれを気の毒に思い、米磨器械を買ってくる。使ってみると実に便利で、ふみはこのような感想を書き残している。

こんなお雛《ひな》様みたいなのでと云《い》う気が致した処《ところ》が使いなれて見れば、大変に調法なもので、冷い辛い思は暖かい面白さに変り、今では二升の米を立派に磨《と》ぎあげるのに、八分しか掛りませぬ。是れなら手よりも早いのです。こんな道具は是非どんな家にも求めて欲しいと私は思います。奥さん御自身が辛抱して、冷たい目をなさるのは、それは先《ま》ず

●代議士の發明《はつめい》米《こめ》磨器《うつわ》

千葉縣《ちはけん》の代議《だいぎ》士加瀬《かせ》禧逸《きいつ》氏は今回《こんくわい》米磨器械《こめとぎきかい》を發明《はつめい》して專《せん》賣特許《とくきよ》を得《え》たるが此器械《このきかい》は頗《すこぶ》る輕便《けいべん》にしてバケツ又《また》は桶等《をけとう》に取附《とりつ》け把手《とつて》を廻《まは》せば直《たゞち》に旋廻《せんくわい》して米《こめ》の磨き上《あ》がると速《すみや》かに且《か》つ容易《ようい》なるものゝ由《よし》にて其特色《そのとくしよく》は（第一）多大《ただい》の腕力《わんりよく》を要《えう》せざるが故《ゆゑ》に老幼子女誰《らうえうしぢよたれ》にても使用《しよう》し得《う》る事《こと》（第二）バケツ、桶等何《をけとうなに》にても有合《ありあは》すものに取附《とりつ》け得《え》らるゝ事《こと》（第三）之《これ》を取《と》り外《はづ》せばバケツ、桶等《をけとう》は直《たゞち》に別用《べつよう》に供《きよう》せらるゝ事《こと》（第四）手《て》を濡《ぬ》らさずに磨《と》ぎ得《え》らるゝが故《ゆゑ》に冬期《とうき》にても皸胼《ひゞ》を切《き》らす憂《うれひ》なき事《こと》（第五）普通米磨《ふつうこめと》ぎに要《えう》する時間《じかん》の五分《ぶん》の一にて磨《と》ぎ得《え》らるゝ事等《ことゝう》なり

米とぎ器の特許を伝える記事（『読売新聞』明治三十九年十月十六日）

目新しい物（廿五）

新案 最新式衛生米磨器

これは今度京橋區月島西仲通十丁目十一番地米磨器製造販賣所から賣出した品で、主として、堅固と實用とに意を用ひ中々具合よく出來てゐる、使用法は先器の中に米を入れて上部なる木製の把手を廻はせば、獨りでに手を濡らさず米も磨け、又水もハケる仕懸けに成つてゐるのである、米磨器としては便利である（價一升器八十五錢、二升器一圓十錢、三升器一圓卅五錢、四升器一圓八十錢五升器二圓四十錢）

ふみの「お雛様みたいなの」という記述が謎だが、明治の米とぎ器はこのような形であった（『読売新聞』明治四十一年二月四日）

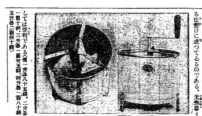

感心と致しましても、人の子を女中だとて、器械かなんぞの様に使うのは、あんまり思いやりのない、残酷な仕方だと思います。それで此《この》器械さえあれば、気兼なしに人にも頼む事が出来ますし、人も亦《また》不足なく、自然快く外の方面に労力を惜みませぬ。

ふみの文章から推察するに、明治時代は人件費が安かったため、道具なんぞ買わずとも、人にさせればいいといった非効率な考え方があったようだ。

そんな考え方に対してふみは、人の気持ちを考えず、器械のように使うのは残酷だと抗議している。便利な器械さえあれば、仕事はすぐに終わる。器械を使えば誰がやっても結果は同じだから、忙しいときには人に頼むこともできる。結果的に仕事の効率は大幅に上がるはずだという主張だ。

明治時代、お手伝いさんとして働く女性は、それほど高度な教育を受けていたわけではなかった。それでも簡易生活者のもとで働いていたふみは、彼女なりに働きながら学び、簡易生活流の考え方を身に付けている。だからこそふみは米磨器械を受け入れ、仕事を効率化した上に、より良い社会にするための提案までをすることができた。とりあえずこの試みは、大成功だといったところであろう。

便利さを導入するために

便利な道具が導入されれば、誰がやっても結果は同じだから、人に頼むこともできる。あまった時間で休んでもいいし、他のことをしてもいい。家事が極限にまで減ってしまえば、誰もが自分の好きなことができる。好きなことをする時間が増えれば人生が豊かになり、開花する才能が増えれば世の中が良くなる。抵抗なく新しい技術を受け入れることで、快適で愛情に溢れた生活を送れるようになるという理屈である。

そもそも現在の生活は、過去の人々が技術を発展させたことでもたらされている。今では当たり前になっているガス台が使用され始めたのは明治三十（一八九七）年前後のことだ。堺利彦の「編集記事」（『家庭雑誌　二巻第三号』明治三十七年三月二日）には、「日本の台所に科学の応用が行われて居《い》ないのは、大なる欠点であります。竈、薪、余り感心しません。本号の広告にある瓦斯竈《ガスがま》などは、此《この》欠を補うに最も妙で御座いましょう」などと書かれている。続く堺の「瓦斯の応用と台所」（『家庭雑誌　二巻第四号』明治三十七年四月一日）ではガスが導入されているにもかかわらず、思想が追い付いていない家庭に対して疑問を投げ掛ける。

一般の家庭にはまだ精神的の革命が行われて居《い》ない位であるのに、科学の進歩は容赦なく種々《いろいろ》の方面に応用され、頑冥《がんめい》な旧式思想がみっしりと立罩《たてこ》めて居《い》る華族などの家の台所に、果然新時代の産物たる瓦斯竈《がすがま》なにかの出現を見るような事が往々あるのは、まことに可笑《おか》しい現象とも云《い》べきである。

このような状況だから、ガスが導入されても有効に使えない人たちがいた。ガス代がかかるからと竈を使い続けたケースもあり、まさに本末転倒だ。

続いて堺は、「昔時《むかし》の台所は飯事《ままごと》のような具合で、時間の経済などの点には一向考えが及んで居《お》らなかったらしい。万事に迅速を貴《たっと》び、軽便を願う今日の台所には是非瓦斯の必要を感ずる」と、ガスというテクノロジーを賞賛している。

とはいえ明治の時点で瓦斯竈を使えた人はまだまだ少数派だった。大正時代になっても、従来の竈よりも熱効率が良い改良竈の普及活動に勤しむ人がいたくらいである。

改良竈を用い薪を完全に燃やして、煙の出来ぬ様にすることは、単に衛生上の為めばかりでなく、燃料経済の上にも非常な利益であります。竈内の空気の流通を良くすれば、煙が起《た》たずに燃焼が完全に行われ、之れに依《よ》って毎日二三本の薪を節約するのは、甚だ容易な事であります。全国一千二百万戸か一ヶ年間に節約し得る薪代は、実に非常な多額に達し、恐らく数千万円を下るまいと思います。

（棚橋源太郎『生活の改善』教化団体連合会、大正十四年）

実は明治あたりのレシピ本には、火加減がほとんど出てこない。大正時代のレシピでも「ゆるゆる」「ぽち火」程度で、昔の調理器具で火力調整するのは面倒くさかった。細かに火力を調整しようなんて人は、少数派だったのだろう。当たり前だが道具が変われば、レシピも変わっていく。家庭がガス台の導入を拒否し続けていたら、今のレシピにも火加減はなかったかもしれない。

やり方をかえる際に起きる心理的な抵抗は、便利さが十分に普及したからこそ発生したものでしかない。ここで、ひとつの事例を紹介しておきたい。

明治時代に、徒歩旅行というものが登場した。これは明治以前にはなかったもので、かつて旅は徒歩でするしかなかった。ところが鉄道が登場し、交通網が発展することで、徒歩での旅行は珍しいものになっていく。そうすると、あえて不便さを楽しもうという明確な目的を持ち、徒歩旅行をする人が現われる。序章で登場した白眼子の行商旅行が書籍になったのも、当時としては新しい徒歩旅行のスタイルだからである。

手間暇かけることが愛情だという考え方も、手間暇をかけずに済む方法が登場したあとに発生した考え方でしかない。つまり非効率さしかない世界には、効率化した際に発生する罪悪感も存在しないわけで、一種のまぼろしのようなものだ。

少々強引な思考の過程だが、このように多少の無理があっても理屈でものを考え、合理的な判断を下していくのも、実は簡易生活の技術のひとつである。引き続き事例を紹介しながら、簡易生活の考え方を解説していくことにしよう。

迷信ぎらいの明治人

堺が科学の進歩を賞賛したように、簡易生活の実践者でなくとも、明治人の多くは科学的に考えることを愛していた。だから彼らは、迷信を異常なまでに嫌う傾向があった。『迷信の日本』（八浜督郎編、警醒社、明治三十二年）は、今でいうと民俗学を扱った書籍なのだが、作者は神社に赴き絵馬や誓願紙に書かれた願いごとを収集している。なぜそんなことをしているのかというと、「祈願を籠《こ》めるには、是非々々《ぜひぜひ》願意の筋を白紙にザッと書いて願はねばならないので、此《こ》の誓願を開いて見れば、願主の宗教思想は殊更、下等社会の情態《じょうたい》はありありと読める」からだ。つまり普通の人が神様についてどう考えているのか調べるため、人の書いた願いごとを収集しているわけだ。かなり異常な行為にも感じるし、罰があたるんじゃないかとも思ってしまうが、罰なんて当たらない、そんなものは迷信だと喝破するのが科学的に理屈で考える明治人である。迷信嫌いで有名なのが福沢諭吉で、少年の頃に地域の人が信仰している神石を、その辺りに落ちている石とすり替え、大人たちがそれと知らず拝むのを眺め喜んでいたという。ちなみに『新社会』の矢野龍渓は慶應義塾大学卒で、福沢諭吉にかわいがられていた。彼が理知的な人間となり簡易さを求めたのも、福沢諭吉の影響があったのかもしれない。

もっとも明治は混沌とした時代で、地域差や個人差も大きい。まだまだ迷信や旧弊にとらわれ続けている人たちもたくさんいた。そういう人たちに向け、合理性を届けようという社会的な動きがあり、「迷信打破」なんて言葉が新聞記事の見出しになるような時代でもあった。簡易生活もそんな流れの中で登場した生活法ともいえる。

『迷信の日本』も迷信を打ち砕くことを出版の目的のひとつにしている。日本には迷信が日常に溶け込みすぎているため、迷信を迷信として認識することすらできない。認識できないものを否定もできない。それなら迷信を科学的に分類・分析し、迷信を知ろうではないか、といった理屈である。

それでは進歩的な明治の人が大好きな科学は、どのようなものであったのか、『迷信の日本』では次のように定義されている。

・「事実を収集して、これをある項目によって分類する」
・「事実の収集および分類」から、「事実と事実の関係」を分析する
・さらに事実を収集しながら、分析をする

庶民の願いごとを収集し、分類する。さらに分析することが、科学というわけだ。禄亭「家の器財」『家庭雑誌　三巻第三号』（明治三十八年三月二日）でも、科学的思考に触れられている。

凡《すべ》ての過失と破損には、必ず然《しか》るべき原因と一定の理由があって、決して偶然に起《おこ》るべきものでない。従って之《これ》を未然に防ぐの方は、主婦たるもの丶常に心掛けて置くべき事である。喩《たと》えば鉄瓶の湯が沸きかえって灰神楽《かぐら》をあげるは、水の入れ様が多過ぎる為と

か、棚にあるものが滑り落ちるのは、其《その》位置が前方に偏して居た為とか、匙《さじ》の上に液体のものを注ぎ込めば、それが匙の彎曲線《わんきょくせん》に従って迸《ほとばし》り出るとか、柄《え》のある珈琲《コーヒー》茶碗を重ねて持てばすべらず、恐《おそれ》があると言う様な点を予《あらかじ》め研究し、事が起《おこ》ってから咎《とが》めるよりも、其《その》原因を見附け次第、自分も気をつけ又下女にも注意するが良い。

色々書いてはあるが、対象物を観察し経験を積み、起き得るトラブルを予測しろといったアドバイスだ。こちらも、収集、分類、分析とかなり近い。

科学的に考えると騙されない

先に紹介した田尻稲次郎の『簡易生活』にも、簡易生活に必要な科学的な思考の要点が、分かりやすくまとめられている。その一部を抜粋し紹介してみよう。

「弁別力」――物と場合を弁別する。状況を観察しなにが起きているのかを考える。例えば風が吹くと、葉が動く。風の向きがこうだから、やがてどちらに行くのかといった観察をする。

「忠実留意」――観察した結果から、すべきことを考え、忠実に実行し気を配る。

「適用力」——行動から学んだことを次の機会に活かす。

風が吹いたら葉が動く。風向きを考えれば、どちらに動くのかが分かる。この程度の観察を日常生活に取り入れる。これが「弁別力」で得られたデータを分析し行動するのが「忠実留意」、行動の結果を他に応用するのが「適用力」だ。

田尻の語るように生活できるのは、明治の一般人としては、かなり進んだ人物である。そういう人に向け田尻は「程の好《よ》いこと」を心掛け、「ぶるなかれ、らしくすべし」と書いている。「程の好いこと」以上の行動を取っていると、理屈で考えすぎてしまうことがある。例えば「毎度有難うございます」と声をかけられる。これに対して「ナニ乃公《おれ》は初めて来たのである。其《それ》に毎度とは何事か」と答えるような人間になってしまうかもしれない。これは「程の悪い」。極端になってしまってはならない。そして日々を「ぶるなかれ、らしくすべし」で暮らしていかなくてはならない。多少知ったことによって、偉くなったと思うのは間違いだ。紳士ぶる、学者ぶるようなことをしてはならない。人間、らしくあるべきであるということだ。

話を戻そう。科学的に理屈で考えることで得られるメリットは多く、騙《だま》されることも少なくなる。例えば明治時代の考え方に、美食をしているお金持ちより、粗食の貧民のほうが健康だというものがあった。

少し考えれば分かることだが、当時貧困に苦しんでいた家庭では、病気になると満足な治療も受けられず死んでしまうこともあった。一方の富裕層は病気になったとしても、費用をかけて治療できたため、生きながらえることができる。こんな流れでお金持ちには病人が多いという間違ったイメージが定着していった。

このようにお金持ちには病人が多いといった考え方を、科学的に検討してみることは重要だ。また新しい知識についても、そのまま受け入れるのではなく、少し考えてみる。

堺利彦による『家庭雑誌　三巻第九号』（明治三十八年九月二日）の「新刊著者紹介」では、「料理書、衛生書がいろいろの書店から発行せられるのは、実に夥《おびただ》しい事であります。雑誌は無論、新聞にも此等の記事のないのは稀でありましょう。世の細君方が、これを充分に咀嚼《そしゃく》して自家のものとなし、それに自家の新発見、新経験の色を加えて、これを応用するならば、これ程結構な事はない。只滑稽なのは、これを鵜飲みにして、少しも頭脳へ入れようとはしない人です。これは害にこそなれ、露程の益もない訳であります」といった批判が繰り広げられている。

情報を鵜呑みにし自らの頭で考えようとしないことへの警告であり、現代を生きる我々にとっても耳が痛い指摘ではある。

健康情報はいつの時代も玉石混淆

明治時代に、多くの階層の人々に衛生の知識を分かりやすく伝えるため、衛生小説というジャンルが登場した。医療や衛生の知識を、物語で学ぼうというものだ。

空腸子著、川口真作『衛生小説：大怪物』（明治二十九年）の主人公は英国の人気歌手の肺から生まれた細菌「バチルレン」である。汚水大学を卒業した「インフルエンザ」氏と知りあった「バチルレン」は、歌手の肺から飛び出すと雨に流され排水溝街へと流れつき、菌城大学の入学試験を受ける。試験が終わり大学から出たところで地震が起こり、夢中に逃げ続けたどり着いたのは人間国であった……といった物語だ。

細菌は人間の身体の中を冒険し、爪には「トラホーム」がいることや、人体の構造の解説、薬品や消毒液との闘いが描かれ、細菌に「全体人間と言うものは、余程ボンヤリして居るものと見え、其《その》騒ぎ出すのは、既に吾曹《ごそう》〔われら〕が一大勢力を占めた後」と演説させ、早期治療の大切さを説くなどしている。この小説は日清戦争の勝利に浮かれて書かれたもので、主人公の細菌が戦況を報告する記事を、新聞紙に提供していたという設定もあるのだが、医療や衛生を小説にすることで余計に理解し難くなっている怪作である。本作の出来不出来は別にして、これに類する作品はいくつも書かれた。今でいうところの学習漫画のようなものだ。

こういった啓蒙活動を通じ、徐々に衛生や医療の知識が流通していく。そうすると医療が正しいのかと疑い始める人間が登場する。さらには疑うだけでなく、医療に反感を持ち、極端な行動に走る人間も登場する。

横井春野による『抵抗強健術』（広文堂書店、大正六年）は、体にいいとされることに抵抗すれば、かえって丈夫になるという健康法を提唱している。すでに大正時代には、病気の際に消化の良い食事をとるという知識は当たり前のものになっていた。これに異を称《とな》えるのが『抵抗強健術』だ。

『抵抗強健術』の提唱者の横井春野は、怪奇小説で有名な田中貢太郎《こうたろう》と親交があり、短文に登場してもいる。その田中貢太郎は社会主義者の幸徳秋水と親交があり、幸徳秋水は堺利彦とともに平民社を設立している。

横井は早稲田大学を主席で卒業し、能楽史論をまとめた『能楽全史』を物し、雑誌『野球界』の主筆として活躍もしている。昭和初期に女子野球を奨励するような先見の明も持っていた。実に立派な人物なのだが、健康法はかなり無茶である。

「折ふし、あらゆる食物を胃に注入する。鶏の肉を生で注入したり、泥水をのんだり、大根、キウリ、ナスの如きものをなまで食べたり、木の葉、草の実を食べたりする」。こういう生活を送り、あらかじめ胃を鍛えておけば、「如何《いか》なる病であろうとも構わぬ。滋養に富む食物をどん〳〵食べる。要するに自分の好きなものを食べればよいのだ」。これで病気など治ってしまう。絶対安静と医者に言われたとしても、「場合によっては寒風吹き荒《すさ》ぶ中へ飛び出して、一心不乱にキャッチャーボールをする。或《あるい》はランニングをやる。そう云《い》う元気で行けば普通の邪風《かぜ》はすぐ全治する」といった健康法だ。

ちなみに「大根、キウリ、ナスの如きものをなまで食べ」という記載だが、日本でサラダが普通に食べられるようになったのは思いの外に最近のことである。かつては衛生状態に問題があったため、生野菜を食べることに抵抗を持つ人が多かった。今では健康的なサラダも、当時は無茶な「抵抗」の素材になるような存在であった。

少し話が逸れてしまったが、このように一定以上に知識が普及すると、正反対の意見が発生するというのは、いつの時代にも起き得る普遍的なパターンなのであろう。我々も時として大正時代の『抵抗強健術』と似たようなことをしてしまうものだと、心の片隅にでも置いておきたい。

以上解説してきたように、常に合理的に考えながら生活を変えていくのが簡易生活である。基本的に人間は、日々を良くするために行動する。これは西洋からやってきた簡易生活や「自然にかえれ」にもあった考え方だ。行動した結果が悪くなったのであれば、何かが間違っている。そういうときには、科学的に理屈で考え行動を変えていく。理屈で考えるのに特別な能力や才能は必要ない。慣れてしまえば誰でもできることである。

明治・大正の簡易生活者たちも、延々と考え実践し続けた。そんな活動の結果、彼らは仕事を効率化する平民主義を生み出すこととなる。

第三章　平民主義で能力が開花する

平民主義は妻の呼び方から

簡易生活で仕事を簡略化する方法のひとつに、平民主義がある。理想的な明治の家庭を考え尽くした『明治の家庭』（渡部竹蔭、前川文栄閣、明治三十七年）は、「簡易な生活、即《すなわ》ち平民主義は今日の社会に処する唯一の手段である」としている程だ。平民主義をひとことで説明すると、簡易生活を実現するための考え方で、地位や身分によらず気軽に行動し、みなを平等に取り扱うというものである。

『家庭雑誌　三巻第四号』（明治三十八年四月二日）には、安養寺生なる人物が、家庭に平民主義を導入した際の様子が報告されている。

先《ま》ず各人の為す可《べ》きことはお互《たがい》に助けを借らぬ。又貸さぬと定め、先ず其《その》第一着として、予は朝起れば自分の寝具の始末より古靴の磨き方、腰弁当の用意に至るまで一切自分にて処理し、所謂《いわゆる》「亭主ふところ手主義」を打破したと共に、妻は亦《また》妻の職責の上に厳正中立して、所謂「貴即恐入りますが、一寸《ちょっと》お手を」主義を全く捨てた。

平民主義だから、夫と妻の家事割り当ては平等だ。家事の割り当てを平等にすることによって、妻は様々な場所で能力を発揮することができる。妻の能力が向上すれば、家庭の総合力が増加する。その結果、生活は楽になり、大きく見れば国の総力も増す……というのが平民主義だ。

平民主義は単純な考え方だが、環境によっては実行するのが難しいことがある。明治の簡易生活者たちも、いくつかの難問に打ち当たっている。例えば妻の呼び方である。『家庭雑誌』において、妻を「オイ、コラ」ではなく、サンを付けて呼ぼうという運動が起こったことがある。男女の地位に隔たりがあると、女性はどうしても萎縮してしまう。それなら平等にして、力を発揮してもらったほうがいいではないか、そんな趣旨の運動だ。

当時は、女性解放運動や娼妓《しょうぎ》取締規則による自由廃業など、明治・大正のフェミニズム運動が盛んになっており、女性をしっかりとした人格を持つ一人の人間として扱おうといった考え方も広がっていた。簡易生活者たちも当たり前のようにこの考え方を受け入れ、まずは妻の呼び方を改めようとするのだが、いくつかの問題に直面している。

妻の呼び方

妻を呼ぶに何んといったらよかろうか。私の妻は春子ともうします。今まで春々々とよんでおったのを俄《にわか》にあらためて春子さんともいえず、又春ちゃんも小供にいうようできまりがわるく、「オイ」「コラ」「オマエ」……は尚々わるいとおもいます。名の呼びよう位どうでもいゝという方もあるが妻を尊重して我と同じ位置において見るとどーもそーは行かぬ一方は「アナタ」、一方は「オマエ」甚《はなはだ》不釣合である。尚又名位というておると万事そーなり易い、（妻を様付にして呼ぶもあまり形式ぶって不便又何となく愛情がうすいようにもあるまいかとおもい、されば妻より我を呼ぶに我と同じように呼捨にさすべきか、それも行われそうになくて）家庭の改革を望むものは此のへんにも何とか注意したいとおもう前号に清水城山君は妻君に対して「キヨサン」と呼ばるゝと、まことに結構なことです。私は始めに過って今改めるに困っておる。いかにしていゝだろーか記者の御意見がうけたまりたいのです。（K生）　（『家庭雑誌　二巻第六号』明治三十七年六月二日）

これまで呼び捨てだったのに、今さら春子さんと呼ぶのはテレるという投書である。それだけ愛情があるのなら、呼び名なんてなんでもいいいんじゃないのと言ってあげたくなるような内容だ。

自分がテレる問題とは別に、妻をサン付けしているところを他人に聞かれてしまうと恥ずかしく、時には馬鹿にされてしまうといった問題も明治時代にはあった。

簡易家庭談

妻の呼び方

サンを附し（中略）呼ぶ事を以て、明治式の一般の風と定めたいと思う。（中略）「彼はサイノロヂストである」の、「婦人にのろい奴」だのと、盛んに世人の冷評の的となったもので、大抵の家庭の主人は矢張《やはり》「オイ、コラ」で押通して居たのである。（中略）吾人《ごじん》が妻に対して新式の呼方を試みようと云う段になると、其前に屹度《きっと》他人の批評を恐れ、人前を憚《はばか》り、私《ひそか》に顔を赤らめなどする事が往々ある。（中略）今吾人《われ〳〵》が妻に対して「……サン」と呼ぶ事は、とりもなおさず、此新式の階段を踏むに至る最初の一歩と云《い》っても宜《よ》い。（渚山）

（『家庭雑誌　三巻第三号』明治三十八年三月二日）

サイノロジストとは、妻《さい》にノロい男の意味で、要するに妻に甘い夫ということである。

妻を「～サン」と呼ぶだけでここまで大変なのが、明治という時代であった。現在ならば個人の習慣を乗り越えさえすれば、特に難しいことではない。職場や学校にいる人に対しても、呼び名を平等にするのは明日からできる。もっとも「～サン」を付けて呼べば平民主義は完成するのかというと、そういうわけでもない。～サン付けはあくまで「新式の階段を踏むに至る最初の一歩」であり、目指すべき場所はもっと先にある。

最終目標は全人類の能力の開花

そもそもなぜ平民主義を実行しなくてはならないのか。それは、人と平等に接することで、仕事の効率が上がり生活を簡易にできるからだ。妻をサン付けするのも、女性を尊重し能力を発揮してもらうためである。簡易生活者たちが男性よりも、女性の能力の向上を希望するのにも、合理的な理由がある。

すでに活躍している男性よりも、まだ社会に積極的に出ていない女性のほうが、成長する余地がある。男性の能力を多少上げるよりも、女性の隠れた能力を大幅に上げたほうが、効率が良いという実に単純かつ合理的な理由だ。

戦前の日本は男尊女卑の国のイメージが強い。現在でもそんな傾向が所々に残っている。しかし明治の先鋭的な簡易生活者たちからすると、男尊女卑など非合理でしかない。もちろんこれは、女性だけを対象としているのではない。平民主義は、ありとあらゆる属性に適応されるべきものだ。平民主義は実にスケールの大きな主義で、最終的な目標は全人類の能力の開花にある。

平民主義に関連することで、上司小剣は面白い逸話を持っている。明治あたりに、国民全員が平民になるべきだといった議論があった。全員が平等になることで、効率が上がるといった理屈である。

これに上司は「総《す》べての人間を皆貴族にする――貴族と卑族との別を無くする――のが、人間生活の向上ではないか」(『プロレタリア文芸総評』)と反論した。今も多少は残っているかもしれないが、当時はお金がない人は心が綺麗、お金持ちは精神的に堕落しているといった感覚があった。これにも上司は、貧乏人は文化を知らないし教育もないから駄目、全員が貴族にならなくてはならないと言い切っている。全員貧しくなるよりも、貴族になったほうが楽しいことは事実だが、あまりに言い方が悪すぎる。この発言で上司は、一部の人からは異常に嫌われてしまった。

それでも簡易生活者としては、上司が正しいような気がしてくる。平民主義で生きるのは、日々を良くするための行為であって、今の水準より下へと進むことではない。生活が良くなり続ければ、やがてはみなが貴族的な何かになるはずだ。全員下にではなく、一緒に上へが正しい平民主義だ。

ある一家の超効率的な日常

平民主義はやろうと思えば今日からできてしまうわけだが、その効果がいかなるものか疑問を持つ人もいるかもしれない。ひとつの事例として、明治時代に平民主義を実行し、超効率的な生活を送った一家を紹介しておこう。「隅田川辺の好家庭」(『家庭雑誌　一巻第三号』明治三十六年六月二日)と「佐々夫人を訪《おとな》う」(『家庭雑誌　二巻第十一号』明治三十七年十一月二日)で紹介されている佐々一家である。

記事が書かれた当時、佐々熊太郎は東京葉煙草専売支局長であった。人足部屋を住宅に改築した官舎に住んでおり、これは佐々熊太郎が自ら設計したそうだ。子供含めて八人暮らしで、お手伝いさんとして十四、五歳の少女が一人働いている。現代の感覚だとかなりの大所帯だ。「改良麺麭主義」でも紹介したが、明治の台所は今より不便で、お米を炊くのにも二時間かかる。洗濯機もなければ、掃除機もない。

慌ただしい生活を想像してしまうのだが、熊太郎の奥さんはすごかった。『家庭雑誌』

の記者が当日訪問したところ、奥さんは「ユルユルと話もして、子供を叱る声も聞かせず、女中を追いつこう声も聞かせず、そうして其整頓したる家内中を台所から押入の隅まで案内して我々に見せ、そうして其間に昼飯のご馳走《ちそう》がチャアンと出来て居たのである」(『家庭雑誌　一巻第三号』)というのだから、明治としては相当に効率化された生活をしていたはずだ。

佐々熊太郎一家がどのような工夫をしていたのか、詳細に解説したいところなのだが、残念なことに具体的に何をしていたのか、記事を読んでも詳しいことが分からない。取材をした記者の一人は裁縫と炊事仕事に詳しくなく、もう一人は興味の対象が人間関係にあった。

これに関して記者は「どんな風に夫人が台所や食堂やを組立てられたか、それを一覧したいと云《い》う心組みであったが、聴くべき話が尽きぬのと、時間が迫って居たのとで、終《つい》に其目論見は又の日の仕事に譲る事とした」(『家庭雑誌　一巻第十一号』)と述べている。

とはいえ、ここまで見事に簡易生活を実行している一家は珍しいので、分かる範囲で紹介していこう。

佐々一家の基本方針は平民主義だ。熊太郎の工場には「他の官庁の役人の手に合わぬので解雇せられた輩《やから》」がやってくる。「けれとも氏は敢てそれを拒もうとはせぬ」。もちろん平民主義で、彼らに接する。そうすると「二三ケ月も其悪人なる者を使って見た果《はて》は、『あの男が何《ど》うして其様《そんな》に悪漢で有《あっ》たろう』と私が不思議の感を抱かれる事さえある」（『家庭雑誌　一巻第十一号』）。

子供に対しても平民主義を徹底している。住居が隅田川辺りにあるので小舟を作り、十六歳の長男が二名の弟を引き連れて漁をする。一人が漕ぎ手、一人が網打ち、一人が網にかかった魚を取り上げる。佐々家では一定の年齢以上の子供は、家事が完璧に出来るように教育されている。大人が出掛けた際には、留守番役の子供が夕食を担当する。平民主義はこういうもので、誰もが平等に仕事をこなす。

平民主義を実行することで、子供や元悪人たちのサポートが得られるようになる。こうして時間に余裕ができた佐々家の奥さんが何をするのかといえば、生活の改善である。奥さんは生活の改善が趣味だったようで、インタビューで「軍艦の中でも一度見て来ましたなら、又善い考えも出るかと思います」（『家庭雑誌　一巻第三号』）と語っている。軍艦の部屋は狭い。限られた空間を便利に使う工夫が多数あるはずだから、参考にしたいと考えていたのである。

止まらない奥さんの探究心

彼女の生活の改善はかなり本格的で、様々なものを考案し自作している。布団は煩雑だからと、今の畳ベッドのようなものを自作した。寝室は親と子供が別室、親の寝室は化粧室と衣装室も兼ねており、起床すると同時に身支度することが可能だ。子供用の寝室の整理整頓と掃除はもちろん子供が担当、作り付けの棚があり学校道具や玩具が整理整頓されている。台所は大きな窓があり清潔、狭いが整理整頓されているため、かえって便利なくらいだ。この家には「到る処に秩序と整頓」（『家庭雑誌　一巻第三号』）がある。

服装は、手持ちの着物を洋服に近い形に仕立て直して使用する。十年後には服装なんて一変しているんだろうからという考えで、今あるものは全て使い尽くしてしまう方針だ。赤ん坊向けには、今のベビー服に近いものを考案し、オムツもオリジナルなものを利用している。奥さんの探究心は止まることを知らず、なんと外出用に自作の紙オムツまで作製、大人用の防寒具ももちろん自作のものだ。残念なことにイラストがないため、具体的にどのような服を着ていたのか詳細は不明だが、服の仕立て直しのためにミシンを活用していることが強調されている。明治時代に簡易生活者はたくさんいたが、ここまで徹底的に効率を追求した家庭は珍しい。平民主義によって生まれた時間を活用し、奥さんが自分の才能を開花させた結果であろう。

夫婦仲も良好で、折々夫は妻の手文庫や茶棚の引き出しに、菓子や果物を内緒で入れておく。夫が出掛けた際、ふとした時に手文庫を開け、果物や菓子を見付けると、なんだか嬉しいものだと夫人は語っている……という惚気《のろけ》でこの記事は締められている。

明治人にとっては佐々一家の暮らしは、珍しく魅力的なものであった。その暮らし振りはかなりの評判となり、夫婦連れで佐々家を二度も訪問し参考にした人、家を見物に来た建築技師すらいた。記事に触発され着物を洋服風に仕立てようという人もいて、雑誌経由でミシンが五、六台売れたそうだ。

彼女が平民主義を使い、生活を変えたという事実には勇気付けられる。しかし現代人として佐々一家の暮らしぶりを参考にできるのかというと、そのまま真似するのは難しいだろう。時代や環境が違う上に、とにかく佐々夫人がすごすぎる。というわけで次節では、もう少しだけ現実的な、普通の人にもできる平民主義の活用法を考えていく。

ふしぎな『霊肉統一簡易生活』

平民主義の活用法を解説する前に、簡易生活の関連本で私がもっとも大きな影響を受けた、桑原真瑞《しんずい》による『霊肉統一簡易生活』（霊肉統一団、明治四十二年）を紹介する必要がある。なぜならこの本は、私が知る限り最も実用的に簡易生活を解説しているからだ。そして他の簡易生活者たちの活動や考え方を追求していくと、『霊肉統一簡易生活』に至るのではないかと思わせるような凄みも持っている。

一方で、この『霊肉統一簡易生活』には、少々不思議なところがある。古い本を読んでいると、時になんとも説明し難い作品と巡り合うことがある。誰が書いたのか、何が目的で書かれたのか、作品としてどの程度の水準なのかも不明、小説なのか実話なのかすら判断不可能といった本である。あるいは感覚的に書かれているのに、信じられないくらい素晴らしいものに仕上がっていることもある。こういった書籍に、なぜか私は強く魅《ひ》かれてしまう。そして『霊肉統一簡易生活』も、そんな不思議な書籍のひとつである。

まず『霊肉統一簡易生活』というタイトルが奇妙なのだが、「霊」は幽霊ではなく心くらいの意味でしかない。作者の桑原真瑞は真言宗の僧侶で、霊肉統一団の設立者だ。ちなみに霊肉統一団の団則は次の通りである。

霊肉統一団則

一本団の主義は霊肉の統一を図るにあり
一前条の主義を実行する者を以《もっ》て団友とす
一本団は金銭物品等の寄贈を受けず
一本団は随時出版物を発行して団友を造ることあるべし
一本団は宗派党派に拘泥せざるを以て特色とす

恐らく作者自身の思索と経験を活かし世の中を良くしつつ、趣味の書き物を出版するために、霊肉統一団を設立したのだろう。「宗派党派に拘泥せざるを以て特色とす」とあるように、『霊肉統一簡易生活』には仏教的な部分は少ない。

『霊肉統一簡易生活』の文体は個性的で、内容は極端だ。冒頭の「人心の影響」では、かなり独特な世界観が描かれていて、「心は世界の共有物」で、「あらゆる物が寄り聚《あつ》まり」共同で世界を維持している。「此の世の一員」である自分の小さな心の働きすら、世界に影響を与えている。自分もまた世界から「影響を受けねばならぬ」というのが道理であろう。だから人間は「世界中あらゆるものの世話」を受けながら、「世界中あらゆるものの為に世話」をする義務がある……といった雰囲気だ。

これまで紹介してきた簡易生活者たちとの大きな違いは、恐らく桑原がそれほど簡易生活について詳しく調べたわけではないという点だ。だからこそ『霊肉統一簡易生活』は、天衣無縫で自由な本になったともいえる。意図的なものなのだろうが、いくつかの主張が何度も繰り返し書かれ、最終的には『霊肉統一簡易生活』に集約されるといった風変わりな構成だ。「霊肉統一」のような独自の用語や、世界観も満載である。

さらに桑原自身が『霊肉統一簡易生活』の全てを実践しているわけでもないところも面白い。例えば彼は、お金はあくまで道具でしかなく、自分の財産を管理する必要などないと語っているのだが、本人は実業家として大成功している。そこに至るまでには、緻密な計算や行動があったはずだ。一方で、簡易さを追求するあまり、一時期は裸で事務作業をしてその姿を撮影するといった側面も持ち合わせている。

このように不思議な本ではあるものの、『霊肉統一簡易生活』が、現代でも十分に通用する内容であることに変わりはない。そこで、桑原の他の著作ともあわせて読み解き、彼が伝えたかったことを理解しようと試みた。適宜彼の言葉を引用しつつ、拡散している内容を私なりの解釈を交え紹介していくことにしよう。

平民主義で働こう

『霊肉統一簡易生活』では、平民主義を実行すれば、仕事の効率が向上するとされている。「世のため人のため自己のために」学者、政治家、左官、紙屑屋、下駄直しと、全ての人が働いている。「人は常に快楽を求め自由を愛す」。「政治家、宗教家、教育家、実業家」など、全ての職業は「みなこれ世の中の道具」であり、「われも道具」「ひともまた道具」で立場は違えど、道具という点では平等である。道具は上手く使うべきなのだから、互いの長所を上手く利用すればいい。他人の長所を使えば使うほど、社会の発達、国家の隆盛、人間相互の利益につながっていく。

自分も他人も道具であり、とにかく道具を上手く使えといった内容だ。道具を最大限に活用するには、どうすればいいのかというと、平民主義である。平等に接することで、他人が持つ能力を邪魔することがなくなる。他人には他人の仕事をしてもらう。他人にも自分を平等に扱ってもらえば、邪魔されることなく仕事をすることができる。仕事を効率化させるため、第一章で紹介した簡易生活の手法——とらわれない・思い付いたらすぐ始める・少しずつ改善・整理整頓といったことを実践する。

「数箇《かずかず》の要件」が「一時につどい来《きた》る」ことがある。慣れていないものは混乱してしまうことだろう。混乱は「数箇の要件」が「一時につどい来る」ことに気を奪われてしまうから起きることで、「誠は宇宙の徳」によって「秩序整然」としていると知っていれば慌てることもない。

物事には「緩急軽重《けいちょう》の差」がある。緊急かつ重大な仕事から手をつけて、「それからそれへと順序を立て」、慌てず騒がず「一つ宛《ずつ》かたづけてゆく、斯《こ》ういう風にかたづけてゆきさえすれば、何の子細もな」いはずだ。いくら忙しいと騒いだところで、人生何があるか分からない。いかに多忙でも、「茶も喫《の》」むし「飯も喰《く》」う。「懇意な人が亡くなれば葬式見送りもせねば」ならないし、自分が病気になるかもしれない。そもそも自分もいつ死ぬのか分からない。優先順位をつけたところで、それより重要な仕事がいつ転がり込むか分からない。

人間は力量以上のことはできない。「水の流れに随《したが》う」ように「縁にまかせ機に応じ、次第順序を誤らず」「一つ宛かたづけて」いけば、「幾十幾百の要件も」「不知不識《しらずしらず》いつの間にか整理が出来て」いるものだ。

こういう仕事のやり方を続けていると、『霊肉統一簡易生活』が目指す真面目な人間になれる。

「人間らしく、一人前の業《わざ》が務まりさえすれば、それでよし」。一人前の仕事ができる人間が、すなわち真面目な人間だ。真面目な人は、着実で誠を知る人間である。誠を知る人に、変わったところは特にない。ただ「秩序が乱れず簡便に」仕事をこなし、「何となく軽妙な所ありて、垢抜《あか》けがして」いる。「此《こ》れを若《も》し真面目ならざる者に見せたならば、百人前の仕業《しごと》にも見」えるのだろうが、「此れが真実一人前であるから面白い」ではないか。真面目な人になり自然に働けば「世界万物共同生活」、つまり世界の一部として生きることができるはずだ。

他人の能力も開花させる簡易生活

こうして平民主義は奥さんの呼び方から始まり、超効率一家へと向かい、最後に世界万物共同生活へと至る。壮大な展開だが、その主張は簡単なものだ。

他人に働きやすい環境を提供することで能力を発揮してもらう。そうすると自然に自分の環境もより良いものになる。そして落ち着いて仕事をする。以上を一言でまとめると、「良い環境で良い仕事をしよう」ということになるのだろう。

現代ではＧｏｏｇｌｅなどもフラットな組織構造を採っているが、あれも大きな目で見れば平民主義だ。ちなみに私も、平民主義を基本にして職場のルールを作って利用している。もちろん職場には職場の習慣・文化があるわけだが、そういうものは無視している。

これも簡易生活の考え方で、個人と同じく組織もあくまで道具でしかないのだから、上手く利用するために工夫をするべきだ。そもそも非効率なローカルルールは、迷信のようなものである。迷信の打破も簡易生活の課題なのだから、排除してしまうのが正解だ。

ここで参考までに私が職場で活用している平民主義を掲載しておこう。

・怒らない→怒られながら働いて効率が上がる人はいない。だから怒らない。
・すぐする→気軽に行動するのが平民主義なのだから、すぐにする。
・邪魔しない→邪魔をすれば他人の能力を阻害してしまう。
・無理に間に入らない→仕事をする人同士が話しあえばいいのであって、伝言係は必要ない。
・苦手なことはしない→苦手なことをすることによって、自分の能力が阻害される。
・分からないことは聞き、できればやってもらう→聞いて分かる人は自分より知識量が多い。ならばその人にやってもらったほうが効率が良い。

・誰がどの仕事をしてもいい→人で仕事を分ける必要はない。
・結果が同じなら、手順ややり方はどうでもいい→求めているのは結果である。
・判断できないことは判断しない→分からないことは判断できないのだから、判断する行為が無駄。

全ては気軽に平等に、他人と自分の能力を発揮させるためのもので、できる限り簡易生活的に考えたものだ。あくまで実験として始めたことで、機会があれば人に軽く伝える程度である。もちろん、その内容も誰もが受け入れられるわけではないし、職場の全てが変わるわけでもない。しかし、なんだかんだで効率良く仕事ができている。

平民主義は気軽に行動し、みなを平等に取り扱うための方法だ。自分でやればすぐ済む用事を、わざわざ他人にさせて喜ぶのは反平民主義だ。誰がやっても結果が同じであるならば、誰がやってもいいわけで、「これは誰誰さんが担当しているから……」というのは平民主義ではない。

自分の仕事で手放したくないと思っていることも、やっぱり他人にしてもらう。自分のやり方とは手順が違う、なんてことも出てくるかもしれないが、結果が同じなら気にする必要がない。効率が上がったのであれば、他人の能力が開花したのだと考える。

面白いことに、性格が違い気が合わない人の多くは、自分が苦手な仕事を苦もなくこなしてくれる。これは当たり前の話で、性格や考え方が違うのだから、得意な部分もやはり違う。自然にこの人はすごいと思えてくる上に、自分にとっても都合が良いので、人間関係も良好になる。

これがさらに進むと、他人の能力を引き出せるなら、なんでも受け入れようといった態度に進化していく。なぜなら自分が楽になるからで、できた余裕で自分の得意な仕事の品質を上げていく。

簡易生活は、多少の犠牲は省みない。仕事を独占したい人、権限を持ち続けたい人は、寂しい気持ちになるかもしれない。しかし他人にやってもらうことで、これは誰でもできるつまらない雑用だと思っていたことが、人にとってはとても難しく苦しい仕事であったと分かることもある。それは自分の才能を発見したことにほかならない。このように、自分と他人の才能を同時に開花させてしまうのが平民主義だ。

平民主義的に働いていると、誰も手をつけないような仕事が出てくることがある。そういった仕事は、そもそもする必要がないことが多い。必要ないのだから止《や》めてしまえば、仕事自体が減っていく。意味のないことはしないというのも、簡易生活の考え方のひとつである。

また、簡易生活は自宅の安定を重視する。学校や会社で激動の日々を送ったとしても、自宅が安定していれば休息し明日に備えることができる。これも自分という道具を上手く使うための手段のひとつだ。奥さんの呼び方論争から分かるように、家族を持つ人ならば平民主義は家庭を安定させるための技術としても使える。

平民主義はあくまで理想で、常に上手くいくわけでもない。しょせん他人は他人で、その性格を変えることなんてできない。心情的に平民主義を絶対に受け入れられない人もいることだろう。もっとも簡易生活はとらわれない生活法なのだから、今は覚えておくだけでいい。そして家庭や集団で上手くいかないときに、平民主義でもやってみようかなと思えたらそれで十分だ。

第四章　疲れる人間関係を断ち切る作法

訪問客の襲来

先に少し紹介したが、かつて玄関不要論というものがあった。来客に対応するため、当時は今より玄関が広く作られていた。これはスペースの無駄遣いである。そこで来客の対応を簡易化し、広い玄関を物置などに活用することで、簡易な生活を送ろうというのが玄関不要論だ。

ワンルームマンションをはじめとして、現在では玄関が狭い建物が多い。これはかつて玄関が持っていた「訪問客を待たせる・応対する」機能の重要度が低下した結果だと考えることができる。来客が減っているのだから、現在では訪問客の対応が大きな問題となることはほとんどない。

ところが、明治から昭和まで訪問者はとても多かった。簡易生活で人間関係を快適にする方法も考えられていたが、その中でも来客とどう付き合うのかは解決すべき大きな問題であった。渡部竹蔭の『明治の家庭』で「仮令《たとえ》如何《いか》なる職業でも、兎《と》に角《かく》家を成した以上は、来客は必ずあるもので、一寸《ちょっと》と用談に来るものや儀式的に来るもの、或《あるい》は楽《たのしみ》を分《わか》ち悦《よろこ》びを共にせんと来る客もある」と指摘されているように、仕事を得て家を持ったなら訪問客が来るのが当然の時代であった。

今では様々な連絡方法が選択できるが、電話が普及する以前ならば、手紙や人づてに連絡してもらう、あるいは直接会うより手段がない。すでに消滅したマナーとして、訪問する前に手紙で連絡するというものがあった。あまり近しくない人が玄関先にやってきて家に通すなんてことも、昔はままあったのである。

そんな時代にあって、訪問客への対応は大きな問題であり、だからこそ簡易生活者たちは、この問題を真面目に解決しようとした。

時代が進むにつれ、訪問者は減っていく。最早、簡易生活者たちが考え出した来客への対応方法に、価値などなくなってしまったようにも感じられることだろう。しかし現代ではまた異なる問題が発生している。SNSというものが登場し、そこには知っている人もいるけれど、知らない人もやってくる。

職場や学校でも、やはり人付き合いは存在し、自分の部署に親しみのない他部署の人が面談にやってくることもやはりある。来客に悩まされていた簡易生活者が、訪問客の問題に立ち向かい解決していく過程は、今でも役に立つはずだ。

簡易生活的に人間関係を解決する方法を紹介する前に、少し寄り道して、過去の人々がどのくらい訪問客に苦しんでいたのかを紹介してみよう。『視学の観たる教員生活の実相』（人文書房、昭和六年）は、視学官である関勝男が書いたエッセイである。視学官とは学校の現場を監視・指導する役職で、かなりの権力を持っていて、現場の職員から恐れられる立場にあった。だから多くの人が家にやってきて、おせじを言ったり、議論をふっかけたりすることになる。

「日曜だからしみしみ《ママ》本でも読もうか、それとも子供でも連れて散歩に出ようかと考えていたが、何しろ気がゆったりして、いつもよりかは起床がおそい」。そうすると、「朝飯がすまぬ先から訪問客攻めに遇《あ》う。布団の中での計画は水泡に帰す」。「かくして、一人の来客について、一杯のお茶をのんでも十人くれば十杯のお茶をのむわけだ。おかげでお茶ぶくれになり、昼飯抜きにしても苦しくないという変調を来してくる」といった最悪の日曜を送っている。

応接は五分以内で済ませなさい

こういった防ぎようのない訪問者を撃破するためのガイドブックが、石角《いしずみ》春洋《しゅんよう》の『穴さがし五分間応接』（三進堂、大正八年）である。「今日の社会は政治界にしろ、官吏界にしろ、実業界にしろ、至る所常に絶えず生活問題のため大騒ぎを」しており、油断のならない人が増えている。彼らに隙を見せてしまえば、いいように利用されるばかりだ。しかしそんな人間を相手にして、交渉しなくてはならないこともある。

というわけで「一面識もない人でも応接の際、相手方の真相を観破して接するときは、わずか五分間の短時間で要領を得た交際」ができるというのが『穴さがし五分間応接』だ。

作者の石角春洋は石角春之助の別名である。ルポルタージュ作家として知られており、現在でも書籍『近代日本の乞食』や、編集長をしていた『江戸と東京』といった雑誌が復刻されている。あまり知られてはいないが、一流の書き手としてもいいだろう。

この本には「先生と五分間応接」「馬鹿と五分間応接」「外国人と五分間応接」「京都者と五分間応接」「小僧亭主と五分間応接」などと、なかなか魅力的な章題が並ぶ。

「先生と五分間応接」は、先生は自尊心が高いからバレないようにおだて、「馬鹿と五分間応接」は「かかる人に接して短時間で要領を得るには余程骨が折れることである」から諦めろといった結論だ。「外国人と五分間応接」では外国人は寂しさを感じているから誠意をもって付き合えとしている。

「小僧亭主と五分間応接」では、奥さんを尊ぶあまり自分が小僧のように働く亭主との応

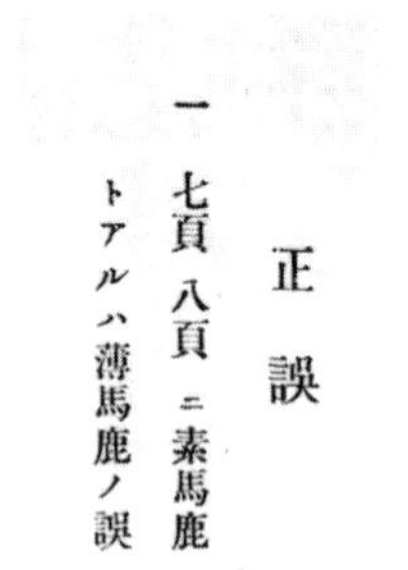
正誤
一七頁八頁ニ素馬鹿トアルハ薄馬鹿ノ誤

あまり関係ないが『穴さがし五分間応接』に記載されていた正誤表はかなりクダらない

接が解説されている。小僧亭主は奥さんに従うだけの、「三文の価値を有しない人」だ。そんな人に応対するときには、彼が崇拝する奥さんを褒めればいい。小僧亭主は嬉しくなって、ついには要求を受け入れてくれるだろうといった内容だ。

「迷信家と五分間応接」では「迷信家は、自己に理解力なく、決断力なく、工夫の知力なく、反抗の胆力なく、分別の思慮なく、いろいろな分りきった事事物物を気にして、つまらない伝説に迷うのである」と手厳しくけなした上で、「五分間応接者も、如何とも致方《いたしかた》がない」が「公明正大に誠意を以《もっ》て応接」すべきだとしている。こんな本からも迷信が嫌われていたことが分かるのは面白い。

このように、応対を早く切り上げるという題材で一冊の本が書けてしまうほどに、明治や大正時代の人々は他人との交際に苦労をしていた。

殺到する訪問客に嫌気がさした人は、常時面会謝絶なんてことになる。それでも会いたいという人もいて、面会を断わられた際に無理やり会う方法が『何より肝腎：実際教科書』（日本書院、大正九年）で紹介されている。作者の樋口麗陽《れいよう》は『小説　日米戦争未来記』なんて本でヒットを飛ばしているが、マルクス資本論から金儲けの秘策まで幅広いジャンルの書籍を出している。

樋口によると「個人としても人によっては毎日何十人の訪問者のある人」もいて、訪問客を突っぱねるケースが増えてきている。だから普通に訪問しても、断られてしまうことが多い。それではどうすればいいのか。

根気よく毎日訪問するに限ります。訪問の都度、玄関払いを喰わされても構わず日参するに在ります。一週間日参して会えなかったら十日、十日でも会えなかったら十五日、十五日でも会えなかったら二十日、二十日でも会えなかったら一ヶ月と云う風に、相手が根気負けするまでは何日間何十日間でも根気よく訪問するに在ります。此手《こ》でやれば何《ど》ンな官僚式な者でも大抵根気負けして面会してくれます。

言っていることは分からないでもないが、訪問される人間にしてみれば迷惑極まりない方法だろう。

以上、色々と紹介してきたが、かつて人々は訪問客に悩み、会いたい人、会いたくない人がせめぎ合いの日々を送っていたことだけはなんとなく理解できたはずだ。このような状況を簡易生活者たちは、どう乗り越えてきたのであろうか。

お世辞は言わない

人間関係を解決するのはなかなか難しい。いくら自分がこうしようと決めたところで、他人が関わってくるのだから、なかなか思うように事は進まない。これは簡易生活の人々も同じであった。

「家庭改良の実行」（堺利彦『家庭雑誌　三巻第一号』明治三十八年一月二日）は、「正月は兎《と》に角暇《かく》な時でありますす」。親類や友人たちと「最も繁《しげ》く沢山《たくさん》に顔を合わす時でありますす」、「こういう機会を利用して、家庭の改良方に充分の相談をとげられ、更に其《その》小なる範囲内で実行なされては如何《いかが》であろうか、という事です」といった提案で、要するに正月に全てを解決しようという小文だ。ここで並べ立てられているのは、訪問によって巻き起こる煩雑さの解決方法である。

「何でも小さな処《ところ》から始めることが却《かえっ》て効果が見易《やす》いと思います」。親類や友人と話し合い「訪問時間を限定すること、用事がなければ訪れぬこと。其代り月に一二回廻り合せで茶話会を開く事」と決めてしまう。これなら訪問数を少なくできる上に、予定を立て茶話会をすることで、コミュニケーションをとることが可能になる。なかなか穏便な方法だ。

過激な方法を実行し失敗した簡易生活者としては、平民主義でも紹介した安養寺生がいる。彼の投書「簡易生活会」（『家庭雑誌　三巻第四号』明治三十八年四月二日）には、訪問客に向けて先鋭的なルールを作ったため、酷い目にあってしまった顚末《てんまつ》が描かれている。

安養寺生はかねてより「煩わしい生活上の習俗を一掃したいと云う事は、少しく進んだ思想を持って居《い》る人の一様に希望して居る処である」と考えていた。また収入も少なく「生活苦」にあったため、簡易生活で全てを解決しようと思い立つ。彼は生活を簡易にするという原則によって、訪問客に対して次のようなルールを作り上げた。

・来客に対する茶菓及び食事の廃止
・形式的贈答品の廃棄
・無用のお世辞の禁止
・招待せざる客に対する食事代の請求（一汁一菜金五銭、但し何人に対しても酒を供せず）

茶や菓子、食事や酒を出せば、ついつい話が長くなる。無用のお世辞によって、話が分かりにくくなる。食事を出したのだから、料金をもらうのが当たり前。心から祝福するわけでもなく、習慣だからと続けている形式的な贈答品なんて止めてしまったほうが簡易で単純、といったルールである。

安養寺生の奥さんはさらに過激な簡易生活者であったらしく「煙草盆を出すのも廃《よ》しにしましょう」と提案している。当時は煙草を吸うのが当たり前の時代であり、流石の安養寺生もやりすぎだと考え「余り極端と思った故《ゆえ》、これ丈《だけ》は採用することを見合せ」ている。

色々あったが安養寺生の一家はルールを制定、早速実行したところ「客に向かって『拙宅ではお茶は差上げませんから……』と断れば、『其方《そのほう》が却《かえっ》て結構』というもあり、『それは近頃の妙案です』というもあり、『へへえ。』と只《ただ》妙に感心して帰る」人もいた。さらに奥さんが、『失礼ですが、アノ……』と食費を求めた時には、「予も思わず赤面（尤《もっと》もどう云う訳で赤面したのか知らぬけれど）したのである」。

「顔を持ってきたからお土産はない」を流儀にした男

簡易生活を続けているうちに反発も起きるが「世間から偏人と呼ばれ、馬鹿とはやされても、人の噂も七十五日、社会改良はそんな弱腰で成し遂げられるものにあらずと、予が前に幾度か泣き言をいう妻を励まし」ながら、夫婦はかなり頑張った。ところが、他人なんて気にしないでは済まない事態が発生する。

井戸端の悪口、役所の陰言は雪の日の豆腐屋の声より繁く、友の訪ね来るは反対に甚《はなは》だ尠《すくな》し。親類縁者の足も段々と遠くなり、祝儀不祝儀とんとこちらへは無沙汰がち。果ては近所の子供の影さえささぬようになっては、吾《われ》ながら何と無く広き社会に妻と二人住みの如き心地して嬉しからず。（中略）

然《しか》るに忘れもせぬ十二月の六日、友より密告あり、曰《いわ》く『品に依《よ》ると君に「免」〔解雇〕の字が来るかも知れぬ』其《その》理由はと聞けば、『余り日頃のやり口が真面目すぎるので……イヤ君、茶菓廃止が思わぬ所で祟《たた》っているぜ』と意外千万な話。

解雇になってしまえば夫婦で暮らしていくことはできない。残念ながらこの試みは失敗に終わってしまうが、続けて安養寺生はこんなことを書いている。

問題は茶菓のみに止《とど》まらず、何事にも此《この》国の人は勿体《もったい》をつけ、鷹揚《おうよう》にして自分にも亦《また》人にも手数面倒をかけ、三百六十五日の生活を出来得《う》るだけ繁雑にすることばかりを考えて居る。然《さ》れば、盆暮の贈《つかい》物は幾回とも知れず順繰りに廻り、それ祝儀の不祝儀のと、猫が死んだといっては酒を飲んだり、飲まれたり、やれ忙《せわ》しいといっては人の仕事を半日も邪魔したり、手紙を書けば用事に粗《そ》にして無用に詳しく、話をすれば唯《ただ》訳も無く長くてお世辞の言合《いい》い、箒《ほうき》一本借《かり》るにも嬢ちゃんから坊ちゃん、犬の毛色まで褒めて掛《かか》るという有様、到底一年が十二月で間に合う次第に非《あら》ず。

この失敗から安養寺生は、一人で生活を改革しようとしても駄目であり、社会が変わらなくてはならないという結論を出し「簡易生活会を結成し、社会を変え」ていこうと呼び掛けた。これに共鳴したのは十数名で、『家庭雑誌』で牛山生なる人物の投書が紹介されている。

（顔を持《もっ》て来たから御土産はない）と云うのが僕の流儀であります。（中略）僕は今日まで余り世間的の交際をしない方であって、実は変人と呼ばれることであろうと思って居る。変人と呼ばれると知って、その態度を改めないのは全く経済上の事情で、収入の尠《すくな》き僕の如きが、世間的交際をしたものなら、半年と僕の一家を維持することが出来な

いだろう。（中略）

今の風習には随分閉口して居る人が多いけれど、これを改めないのは只《ただ》あの家とか、あの人とか云って、世間体を恐れ、断行するだけの勇気がないのであると思われる。初めは少数でしょうが、段々同志は増すに相違ないと思います。（中略）（牛山生）

（『家庭雑誌　三巻第五号』明治三十八年五月二日）

残念ながら簡易生活会は、具体的な活動をするには至らず、大規模な運動にはならなかった。しかし安養寺生の作った訪問客に対するルールは、現代なら十分に通用しそうなものばかりだ。

「顔を持ってきたからお土産はない」牛山生の流儀も、今なら変に思う人はいないだろう。お中元やお歳暮なんて送ったことがない人もいることだろうし、自宅で他人と酒を飲まなくてもなんの支障もない。実現できているといえば、実現できていることばかりである。それでも既存のルールを改善しようとすれば摩擦が起きるのは現代も同じで、やはり我々は同じような課題を抱えている。

もうひとつ興味深いのは、安養寺生が他人とコミュニケーションをとりたくないわけではないという点で「広き社会に妻と二人住み」なのは「嬉し」くないと考えている。こちらも多くの人が同じ思いだろう。

後ろめたいことをしない

本章の冒頭でも書いたように、現代では訪問客はかなり少なくなっている。当時の難問も、ほとんど解決しているのが現状だ。しかし時代が変われば、また別の問題が発生する。我々は職場や学校、SNSなどで、様々な人と付き合っていかなくてはならない。他人を極力気にしないという方法は、現代においても無理であろう。そもそも社会のインフラは他人が作ったものであり、水道を使うのもネットショップでなにかを注文するのも、他人と関わることにほかならない。どうあっても人間関係から発生する摩擦から、逃れることはできないのである。

そんな人間関係にまつわる問題を、簡易生活者たちは実に単純に解決している。先に紹介した平民主義は、職場や家族にとどまらず、インターネットでも実行できる。それだけでトラブルに巻き込まれる可能性は格段に下がるはずだ。著名、無名にかかわらず「サン」付けをする、誰に対しても平等に接する、その人の能力が発揮できるように行動する、などである。

さらなるトラブル回避を望むのであれば、後ろめたいことをしないという手法がある。『六十三大家生活法：比較研究』（石上録之助、忠誠堂、大正八年）に収録されている「超然主義土方伯爵式生活法」は長生きする方法で、「長寿をしようという人には、冷水浴をやるのと、間食をしないのと、酒を飲まないのと、夜更かしをしないのと、心配をしないのと、食事を八分目位に食べて居る事をおすすめするのである」というものだ。人間関係については、「心配をしない」で解決する。

> 世の中の人と広く交《まじ》っていると、いろいろな問題が湧いたり、相談されたりする。その時、私はこれを斯《こ》うした方が自分の利益であるが、それでは義理が欠ける、と斯ういうように何時《いつ》も考える。たとえ自分の利益にならなくとも義理が済めば、其《そ》の方に決めてしまう。それがために如何なる迷惑が掛《かか》ろうと、自分は苦にやまない。（中略）何事も心配してああでもない、斯うでもない、ああした為にこんな迷惑があった、斯うやればよかったなどと愚痴をこぼして居る程、体のためによくない事はない。私はつとめて心配しないようにして居る。これが大変に薬になるようである。

無駄に悩まぬためにも、義理を果たせということが書いてある。要するに後ろめたいことをしないという手法だ。

これは何人かの簡易生活者が提唱しており、『人生向上悟りの道』（渡辺約山、広文堂書店、大正五年）も、正直にして後ろめたいことをするなという本である。四百七十ページにわたって解説がされているが、結論は冒頭に出ていて、「悟りの道は第一に安楽な処世を実現する最良法であるが、安楽に世を渡るの法は別に六《む》つ可《か》敷《し》〔むずかし〕いことでは無い。唯《た》だ正直にせよと云う丈《だけ》のことである。有る者を有るとし、無きものを無きとし、見た者を見たと云い、聞いた者を聞いたと云うのが有体《ありてい》である」というものだ。

正直にして後ろめたいことをしない。伝えるべきことを、そのまま伝える。そうするとトラブルと後悔が減り、人生が快適になると説かれている。これをそのまま実行すると、人間関係が良好になり、人生から問題が減っていくことに気づくはずだ。

例えば面倒くさい上に自分に関係ないものの、なんとなく助けてあげたほうがいいのではないかという場合、やっておくとあとで余計なことを考えなくて済む。正直もなかなか使い勝手が良い。嘘をつかないと決めてしまえば、嘘にまつわる面倒くさいことは当然ながら消えてしまう。

嫌なことは断る

以上、紹介してきた簡易生活的な交際方法のまとめとして、『霊肉統一簡易生活』より桑原の主張をまとめてみよう。

「他人」について。自分がよく見られたいからと親切にする。他人に合わせて何かをする。所有する。このように、他人からどう見えるのかのみ気にしすぎると、自分が消滅してしまう。簡易生活を望むのであれば、「其の時期と場合により、必要なる事柄のみを、唯《ただ》ありのまま語ればそれでよし」。嫌なことは、嫌だと伝えて断わればいい。自分を誤魔化せば、後々面倒くさいことになる。駆け引きや謀計に意味はない。

他人と上手く付き合うには、人は互いにその人の長所を利用すべきであり、「他人の長所に着目」し人から学ぶ。簡易生活を送っているのであれば、良いことを取り入れようとするはずだ。だからなんの苦労もなく、「人の短所などは素《もと》より身に関係なき事は、知らざるものの如く、また忘れたるものの如く」付き合うことができる。

人を尊重し、平等に接する。愉快に暮らす。威張る人間は馬鹿であり、怒る人は阿呆である。機嫌良くして平等に接する。それだけで周囲の人々は勝手に成長していく。困ったときには、他人を頼る。助けられる人は、助ける。そうして、世の進歩と人の自由を楽しむ。これこそ人生の意味であろう。

前半の「嫌なことは、嫌だと伝えて断わればいい」は、かなり実用的な技術だ。実際にやってみるのは、心理的な抵抗があってなかなか難しいかもしれない。それでも思い切ってやってみると、多少の波風が起きたり、あっさり上手くいったりでなかなか面白い。

私は職場でパソコンの画面を後ろから覗《のぞ》かれるのが不快なのだが、これをそのまま人に伝えたところ、誰も私の画面を見なくなった。問題も全く起きていない。考えてみれば私のパソコンモニターを後ろから覗いたところで、その人になんのメリットもない。見られると私のパフォーマンスが低下するのだから、見る人にとっても不利益だ。「やめてくれ」と伝えた結果、良いことしか起きていない。

後半の「他人の長所に着目」は平民主義の「他人の長所を使えば使うほど、社会の発達、国家の隆盛、人間相互の利益につながっていく」という主張につながるものだ。「怒る人は阿呆」は怒られてパフォーマンスが向上する人間は存在しないから、怒るのは簡易ではないという理論と同様だ。「ありのまま語ればそれでよし」は、安養寺生の「手紙を書けば用事に粗にして無用に詳しく、話をすればただ訳もなく長くてお世辞の言い合い」の改善方法である。

幾人もの簡易生活者が、人間関係を改善するため、実験し思考する様を観察してきたが、最終的には概ね同じような結論に到達している。後ろめたいことはせず、嘘もつかない。必要ならば簡潔に要件を伝え、嫌なことは嫌だと穏やかに主張する。こういった行動によって、疲弊する人間関係の摩擦が消えていくはずだ。当たり前だといえば当たり前の話だが、そういうことを理屈で考え実行し改善していくのは実に簡易生活らしい。

簡易生活者たちは同じような考え方で、実生活の問題をも解消しようと奮戦している。引き続きその様子を紹介しながら、衣食住の改善方法について検討していこう。

第五章　簡易なくらしを追求してみる

ひたすら便利さを追求すればいい

一日の大半を椅子に座り過ごしているのであれば、最高級のハンドバッグを買うよりも、性能の良い椅子を探し出し手に入れたほうが質の高い生活を送ることができる。瑣末《さまつ》な部分を改善するよりも、生活の多くを占めることを改善したほうが効果が高いのは当然の理屈だ。

簡易生活では合理的な考え方をするから、生活の中で比率の大きなものから改善していく。平和で快適な日々を送るために必須なのは、衣食住である。簡易生活的に、衣食住とどう付き合っていけばいいのか、再び『霊肉統一簡易生活』を著した桑原に登場してもらうことにしよう。

最初にその主張を要約しておくと、次の通りである。

・衣類は寒暑を防ぐためにある。
・食物は空腹を満たすためにある。
・家屋は風雨を防ぐためにある。

これらの機能を追求した衣食住を選択する。他のものを求めてはならない。他人が何をしていようが関係ない。自分が必要で便利なものを使っていればいい。これが簡易生活で物質を簡略化させる方法だ。

桑原は、衣食住はひたすら便利さを追求すればいいとしている。飾りたてて美を誇り、数の多いことを自慢するのは自ら苦痛を求めるようなもので、活動的な人間がすることではない。「すべて吾々《われわれ》の活動に便利なるものを求むれば其《そ》れにてよし」。「衣食住のみならず、職務用の品、商売用の品、其他《そのた》日用品等すべて適切に、而《しか》も必要欠くべからざる物品に限り、其れを購《あがな》い求むる事とすべし」と語る。要するに、機能的に優れた必要な物だけを買うということである。

そして「必要ならざる品ならば、驚くばかりに廉価なりとも決して其れを」買ってはならない。なぜなら「時間と脳力とを浪費するのみならず」それに慣れてしまうと、やたらに安い物を買い求めることになってしまう。物質は自分の活動のために必要なものだと知ることだけが重要で、「別にむつかしきものにはあらざるなり」。これが分かれば、倹約も贅沢も考えなくていい。

「俳優抔《など》が衣裳《いしょう》を飾るは、商売柄その道具を飾るものなれば、贅沢とはいい難し」。しかし本来は「衣服は寒暑を凌《しの》ぎて人間の面目を顕わすが目的」なのだから、「衛生上ゆるす限り、風紀上ゆるす限り、身分上ゆるす限りは」できるだけ動きやすい服を選ぶべきだ。なぜなら身体に自由を与え稼ぎ働くのにも便利だからである。「若《も》し間違って衣服のために精神を奪わるるが如き事ともならば、人間生活上すべての秩序おのずから乱」れてしまう。

「食物は飢渇を凌ぎ」栄養をとって活動するために存在している。食物は人間が活動するために存在しているのだから、栄養があるものを腹八分目だけ食べればよろしい。ただし倹約のために、食費を節約するのはよろしくない。身体が一番大切である。節約して病気になるのは簡易ではない。「活動といえることに、重きを置きさえすれば、食事加減はおのずから中庸を得らるる」のだから、深く考えることもない。

「不生産的」な物は潔く捨てる

家屋は人体や所有物を環境から守るためにある。不必要な広さを求めたり、過剰に装飾を施す意味はない。質素で堅牢にして、「活動を資《たす》くる構造にする」。「家屋の構造室内の設備その宜しきを得るも、家族の精神その宜しきを得」るためだということを忘れてはならない。とにかく活動の邪魔になってはならない。一本邪魔になる柱があるのならば、すぐに取り除くべきである。面倒だからと放置すれば、それが気になり活動の妨げになる。実に大いなる損害だ。

物質に活動が阻害されるのは避けなければならない。「贅沢品は素《もと》より、使用に堪えざる品および不生産的のものは、価額の高低を論ずることなく、いさぎよく之を」処分する。気力が必要ではあるが、これができれば簡易生活は簡単に実行できる。簡易生活を続けながら、「秩序的に稼ぎ働きさえすれば、金銭財貨」は自由自在になるはずだ。

お金は流通するものだから、粗末に扱ってはならない。またとらわれてもならない。お金すら単なる活動のための道具だと考えればいい。活動を通じてお金を稼ぎ、お金を使って再び活動することが大切である。

以上が桑原の考える簡易生活の実行法である。家から柱を取ってしまえば倒れてしまうのではないか、といった疑問も湧き上がるが、ここには簡易生活の核心ともいえる重要なことが書かれている。

それは衣食住が本来果たすべき機能を科学的に考え、それぞれの役割の中心を探し出し、それを選択の基準とするという考え方だ。この単純な仕組みで、実際に生活の様々な問題が解決してしまう。

続いて他の簡易生活者たちの活動を眺めつつ、現代ならばどうすべきなのか考えていこう。

和装に悩んだ明治人

衣類は「寒暑を凌ぎ、人間の面目を顕わすのが目的」である。つまりこれが衣類の機能の中心で、そこに着目して選ぶことで、服に関する煩雑さを除くことができる。ところが明治や大正時代には、簡易生活者の望みを満たす製品が生産されていなかった。

深尾韶による「日本服の将来」(『家庭雑誌　四巻第一号』明治三十九年一月一日)では、「世の中の総《すべ》ての事がドシドシ進歩し、発達して行《ゆ》く中に、独り日本服の歴史は退化の歴史である」「胸の開く、袂《たもと》のブラブラする、裾の開ッ放しな、この日本服は何という厭《いや》な服装でしょう」「大きな帯、中くらいの下締め、細長い帯留めと、それはそれは驚くばかりの夥しい紐類を纏《まと》いつける。これでは衛生も何もあッたものではない」というように、和服が徹底的に批判されている。

和装が叩かれていた理由のひとつに、運動能力に劣るという点がある。第三章で女性の活躍が求められていたが、着飾った和装でできる仕事などたかがしれているという理論である。また災害が起きるたびに、和装ゆえに逃げ遅れる人がいたことが指摘された。もうひとつ「日本人は（中略）着物にする原料を持たない国民」なのだから、国の力を上げるため絹糸は輸出に回すべきだとする論もあった。

以上のような理由から、国産の素材で合理的な服を作る必要があるとされていたのだが、大正時代に入っても事情はあまり変わらなかった。理科教育の振興に貢献した棚橋源太郎による『生活の改善』（教化団体連合会、大正十四年）でも、和装は動きに制約があるため、長袖（丈の長い袖）を廃止し筒袖にし、着やすくするためツーピースにするなどの改善が提案されている。

明治と異なるのは、個々人が科学的な知識を使って、服を簡易化していくことの大切さが説かれている点だ。肌着は汗を吸う木綿、汚れに強く保温性が高いのは毛織物、ナフタリンで虫を防ぐ、この程度でいいから科学的な知識を生活に取り入れると快適さが増すとされている。

大正時代になると、人々は素材が持つ機能にも着目し始め、防水着物も発売された。残念ながらゴム引きで重く通気性がなく、特殊な薬品を使っているため布の品質が悪いなどの理由で、それほど流行はしなかった。

ただひとつ富士防水という製品は優れていたようで、大雨になっても濡れず、泥水や醤油でも汚れないと絶賛されている。既製品になんらかの加工をし、変色や縮みもなく耐熱性があるだけでなく、虫害すら防ぐことができたらしい。

簡易生活はデザインを追求する

防水だけでなく、衣類を改善しようとする試みには様々なものがあった。特に解決すべき問題とされていたのは、先にも指摘したように女性向けの服装だ。解決すべき課題は、二点あった。ひとつは着物より機能性のある服の開発、もうひとつは所有する服の管理である。

いざというときの財産という側面もあり、かつて女性たちは着物をかなり溜め込んでいた。勢いその管理に、莫大な時間を費やさなくてはならない。これは才能の浪費であるからと、所有する服を減らすことが求められていた。昭和の初期までいくども女性向け改良服が提案されたものの、それほど上手くいっていない。当時の住居が和服に向いていたことや、人々の先入観、そしてその改良服自体が不完全だったことなど、いくつかの原因が考えられる。面白い説としては、帯が美しすぎるため、いかに不便であってもその魅力に

桑原が考案した改良服。なんだかよく分からないが微妙に絵が上手い（桑原真瑞『霊肉統一赤裸々』霊肉統一団、大正十一年）

和装を洋装に仕立て直したもの。なかなか機能的だ（吉村千鶴『実修裁縫教本教授必携』東京開成館、昭和十四年）

抗《あら》えず、女性は和装を選んでしまうというものがあった。今よりずっと娯楽の少ない時代、美しい帯の魅力は相当のものであったのだろう。

棚橋は『生活の改善』で、社会が一丸となって大量生産の服を作り、オーダーメイドではなく既製品を気軽に購入選択できる社会にしなくてはならないと結論を出している。しかしこれはあくまで理想で、なんの理由もなく技術が飛躍的に発展するはずもない。佐々一家の夫人のように、個人が手持ちの服を改良するくらいが関の山だった。

明治時代、下駄で汽車の乗り降りをするのは危険であると盛んに喧伝されていた。ところが道路が舗装されていないため、雨の翌日などは革靴で歩くと泥水だらけになってしまい、靴がすぐに劣化してしまう。日本で道路が整備されるまで、人々は下駄を手放すことができなかったのである。このように、機能を追求して物を選ぶ場合、社会の変化を待たなくてはならないことも多い。

待っていて良くなるのであれば、いくらでも待てばいいのだが、恐ろしいことに文化は順調に進んでいくとは限らない。簡易生活では、女性の化粧については、やってもいいけどやらなくてもいいという考え方であった。外見についても優美なのもいいが、身体が丈夫で働ける女性のほうが、機能美があるのではないかといった人までいたほどだ。ある意味では現代よりも進んでいるところがある。

衣類に関しては結局のところ、太平洋戦争の開戦前後、社会的な強制や実用的なものを選ばなくては命の危機があるといった状況に陥るまで、和装から機能性に優れた服へのシフトは起きず、それは皮肉にも戦時の窮乏と相互監視の社会で、質素のみの服を強制されることで起きた。以上が明治から昭和初期にかけての、簡易生活的な衣類事情である。

装飾との付き合い方

「虚飾は好むは禍《わざわ》いの咒《のろ》いなり」（増田義一編『向上発展：処世要訣』実業之日本社、明治三十九年）、「一切の無駄を除き虚飾を去って、其《そ》の生活を出来るだけ単純にしなければなりません」（棚橋源太郎『生活の改善』）というように、衣類に限ったことでもなく、簡易生活では装飾を最小限にするのが基本である。食と住でも同じように選択をしていくのだが、ここで少しだけ問題が発生する。装飾は自分を満足させるものであると同時に、他人に向けて自分の社会的な位置付けを示すためにも使用されている。あの場所に住んでいる人は社会的な地位が高い、ああいう物を持っているのなら収入も十分にあるはずだ、というような他人からの視線を意識して行動を取ることも装飾だ。社会的な地位すら、装飾の一種だと考えることができるだろう。

これまで、他人の思惑など気にせず自分の好きなことをすべきだといった、明治や大正の簡易生活者の発言を何度も紹介してきた。彼らは装飾が必要な社会から、少し距離を置こうと語っていたというわけだ。

ただし、生活のために装飾が不可欠といった人が世の中にはいる。『霊肉統一簡易生活』の桑原も「俳優抔《など》が衣裳《いしょう》を飾るは、商売柄その道具を飾るものなれば、贅沢とはいい難し」としていたように、飾る必要があるのなら思う存分に装飾すべきだ。

第六章で詳しく解説するが、簡易生活は自分の能力を発揮し、趣味を追求するための方法でもある。装飾が好きな人は、今の生活をより楽しめば簡易生活だということになる。生活を簡易化することで、自分が好むものにより愛を注ぐことができるというのも簡易生活における利点のひとつだ。

美しく、役に立つ物だけを持つ

最後は簡易生活における所有物の扱いだ。佐治実然らによる『人間万事我輩の如く』(広文堂書店、大正九年)では、「簡易生活の根本義は人間の衣食住を人間らしい程度に止めて置くということである」とされている。「其の要点は要らぬことをせぬことで、言わば必要を標準として一切の冗費を省くという意味である」。つまり必要のないものを所有するなという話だ。

英文学者の本間久雄による『生活の芸術化』(東京堂、大正十五年)は、民芸運動に関連する書籍である。民芸運動とは、高価な芸術品だけに美しさを見出すのではなく、職人たちの手仕事による日用品にも美が宿っていると提唱した試みであり、大正時代に起こった「生活改善運動」から影響を受けている。生活改善運動が目指すところは簡易生活とほぼ同じだ。

『生活の芸術化』にも「有用であることも知らず、又美しいとも信じないものは、何物も家に置くべからず」という簡易生活的な考え方が書かれている。確かに美しく有用なものだけ置けば、物が増えることもないはずだが、そうそう都合よくはいかないだろう。

簡易生活では、物質はなんらかの機能を持つものとされている。当たり前だが機能を失ったものは、処分をしなくてはならない。あらかじめそこまで想像をしておくと、処分するのが面倒だと感じ、余程のことがなければ何かを買おうとは思わなくなる。購入し失敗したとしても、処分する方法を考えておけば、適切に処理できる。結果的には「有用であることも知らず、又美しいとも信じないもの」を購入することは少なくなるはずだ。

もうひとつ所有物への対処方法を紹介しておこう。「貧者の心得」を書いた禄亭は、「家の器財」（『家庭雑誌　三巻第三号』明治三十八年三月二日）で、貴重品の扱いを説いている。我々が所有する器財や道具のうち、人間の特性を損なってよいというほど貴重なものはなく、またそんなものがこの世にあるべきはずがない。大切なものを失いたくないのであれば、「そんな怖ろしいものは初《はじめ》から所有せぬ事が良いと思います」。

必要があって代用品のないものを持つ場合は、「他人に委ねずして自ら保管」する。そうすれば、「過失のあった時、比較的貴重なものは自分が壊したのであ」るのだから、自分の責任だと諦めがつく。器財のうち、「特に貴重にして一国の宝」ともいえるようなものは、自己の占有とせず美術館か博物館に保管を委託する。貴重品の管理が難しいなら、そもそも持たない。持つ場合は自分だけが使えばいいというわけだ。

様々なことを書いてきたが、要するに衣食住、物の機能を判断基準にするのが簡易生活だ。簡易生活は快適さを追求するための手法である。快適さを増加させることで、美しく、かつ楽しくて好きだと感じる物に集中できる。好きなものはいくらでも所有すればいいし、そうでもないものには簡易生活の方法で処理してしまう。自分が心地良い状態を作り上げ、自分が好きなことに集中するのが簡易生活の本質だ。

明治の学生が感動した「自炊生活法」

以上見てきたように、必要な機能を満たした製品を選択し、科学的に理屈で考え行動するのが簡易生活だ。それほど難しいことでもなく、今日から実行できることではある。

しかし衣食住を簡易化するのは、心理的な抵抗が大きいかもしれない。第一章に書いたように「始めさえすればよい」で、みなが始められたらいいのだが、そういうものでもないだろう。

そんなときに簡易生活者は、「実験」という名目ですぐに始めてしまう。上司小剣の引っ越し騒動にも、実験の要素が大いにあったことを思い出してほしい。実験なのだから止めたくなったら止めてしまえばいい。続けたければ続ければいいといった手法である。

大正時代にも、生活改善のため実験した二人の人物がいた。一人は自炊生活に挑戦し、もう一人は簡易な主食を開発している。二人とも個性が強く、その試みは単純に面白い。彼らの実験を、本章のまとめとして紹介しよう。

『実験自炊生活法』（文書館編纂所、大正元年）の作者である二宮滄海生《にのみやそうかいせい》は、「修養団」という団体を運営する友人を持っていた。「理想的に自炊を営まんとする人士は盛んに〔修養団を〕訪問して当人の意見など叩くのも面白かろう」と書いていることもあり、修養団から強い影響を受けていたのであろう。

修養団とは明治三十九（一九〇六）年に、東京府師範学校（今の東京学芸大学）の学生・蓮沼門三《はすぬまもんぞう》が創設した団体である。大学の寄宿舎の不衛生ぶりに驚いた蓮沼が一人で雑巾がけをすることから修養団は始まった。後には六百二十万の団員と利権を持つ巨大組織へと成長していくのだが、明治の終わりから大正初頭あたりまでは、規則正しく生活をする学生たちの素朴な同好会といったところであった。ボーイスカウトの普及にも貢献した団体で、先に紹介した「日本服の将来」の深尾韶も修養団に関わっている。

まだまだ素朴な修養団に触発されたこともあったのだろうか、二宮は学生にとっての理想の生活を実現するため、実験として自炊生活法を始めてみたところ、あまりに良すぎたため一冊書いてしまったというのが、『実験自炊生活法』だ。

当時の学生は、下宿や親戚の家に居候するのが主流であった。ところが不景気で食品の値段が上がり「下宿の食物は悪くなる」。しかし親からの仕送りが増えるわけでもない。勉強はしたいが、栄養もとらなくてはならない。そこで「安くて美味な滋養分たっぷりなものが食えて勉強の出来る生活をすればよいのである」と思い立ち、考案したのが自炊生活法だ。自炊生活とは名前そのままで、部屋を借りて自分で炊事をする生活である。今でこそ独り暮らしや自炊は当たり前のこととされているが、当時の学生にとっては画期的なことだったのだ。

自炊生活法の効能は、予算を抑えられることの他にも利点がある。「学生はよろしくすべての方面に向って修養すべきである。一人の料理も出来ないで天下を料理するなどと気取った所で何の益もない。大廈《たいか》高楼《こうろう》を築かんとせば、よろしく基礎をコンクリートで確固に」し、人生の基礎を学ぶといった目的もあった。

利点はそれだけではない。自分の部屋だから大声を上げ、自分を鼓舞することも可能だ。これはちょっと今の人には理解できないかもしれないが、当時の学生は大声で自分を励ますというような行為をたまにした。確かに下宿住まいなら、出来ない行為である。

健康面にも触れられており、自炊生活だと買い出しなどで身体を使うため運動になる。水浴もできるし、麦飯を食べることもできる。ちなみに水浴、麦飯ともに当時流行していた健康法だ。水浴に関しては上司小剣も愛好者であったが、確かにあれを下宿でするのは難しい。食事も提供される下宿生活だと、麦飯を嫌がる家主が多かったため、実行できないなんてことがあった。

家賃を節約するのであれば、田舎の家を借りることになるだろう。家賃が安く経済的なのは当然として、田舎は空気も良く静かだ。勉強するのに向いている。自炊するため早起きになるのは当然として、常識が養われ世事に長《た》けた人へと成長できる。そして何より趣味があると、二宮は自炊生活を大絶賛している。

「生活は簡易にして、成《な》るべく多くの時間を有効努力して働かねばならない」。食事の用意に費やす時間は一日四十分、炭火を起こすと同時に米を洗うのに七分、釜にかけてある間に勉強をする。米が炊けたら汁を作る。汁は三分、食事の後の始末が十分、合計二十分。晩飯は十分もあれば完成すると書いているものの、これは少し怪しい。

大体のことは一人でできるようにしておく

第一章で紹介した「改良麺麭主義」では、主婦でも朝食に二時間はかかると書かれていたが、『読売新聞』（大正八年二月二十日）の「私の簡易生活」で、親子五人で暮らしている主婦は「食べ物ごしらえの為に、掃除や身仕舞いどころか手紙一本書く暇も読書する時間もなく、裁縫や洗濯さえようようでございます」と語っている。

この奥さんは仕事の出来る人で、食事を一日二食にしてしまい、朝はパンと紅茶、夜は五人分の米を炊き、その残り火でおかずを作る。当時は一般的だったお櫃《ひつ》も使わず、洗い物を減らすといった工夫までしていた。このような優れた専業の主婦ですら、食事にまつわる時間を削るため工夫に工夫を重ねているのだから、いくら手抜きであったとしても自炊を始めたばかりの学生が、一日四十分で食事の準備を全て終わらせることができるはずもない。

ただ『実験自炊生活法』で紹介されている料理は、簡単なものばかりではある。豆腐を味噌汁に入れる。牛肉をみりんと醤油で煮る。薄切りの牛肉に塩と胡椒《こしょう》を振り、バターを塗り十六、七分置いたあとに炒める。この程度のおかずなら十分でできないこともない気がするが、当時はガスコンロすらない時代である。四十分というのはかなり盛った数字だといえよう、と色々書いてはみたが、二宮も百年後にこんなことを指摘されるとは想像だにしなかっただろう。

もっとも二宮には悪気などない。「自炊生活というものが一種の趣味があって、一度成したらやめられない」としている通り、とにかく自炊生活を始めてほしいという気持ちが強かった。

「余《よ》と同好の志があって未《いま》だ決断しかねている人も社会には随分あるようであるが、この類の人は直ちに我党《わがとう》の主義に加入して、盛んに自炊論を鼓吹して貰《もら》いたい」なんてことまで書いている。自炊生活を普及させたいという情熱のあまり、手間を少なめに書いてしまったのだろう。

ちなみに『実験自炊生活法』では、自炊だけでなく家計や救急手当、洗濯掃除についても軽く触れている。料理だけでなくなんでも自分でやってみようといった考え方で、平民主義にも通じるものがある。

大体のことは一人でできるようになっておくのは良いことだ。一人で暮らすこともできるし多人数で生活してもいい。外に働きに出てもいいし、家でサポート役に回ってもいい。自由度が上がると生活の質も上がるのだから、気が向いたら真面目に家事に取り組むのも面白いはずだ。

『実験自炊生活法』に話を戻すと、二宮は実験として自炊生活を始め、見事にその目的を果たしている。彼のように実験を名目にして、生活の改善を実行するのはなかなか効果的だ。調理時間やレシピを記録し、本にしてしまうというのも簡易生活的な行為である。

こういう人物は他にもいて、次に紹介するのは簡易生活を追求しすぎ、ついには米騒動と戦うことになった男である。

一日十銭生活

簡易生活を追求し、究極にまで向上させた結果、おかしな場所にたどり着き、代用食で日本を救おうとした男がいた。

まずは時代背景を解説しておこう。大正七年、第一次大戦等の影響で物価が高騰し、庶民は生活難に陥っていた。七月二十二日に富山県で米騒動が起きると、それに呼応するように米の安売り要請運動が、全国各地で繰り広げられた。

その対策として、公営の簡易食堂が設置されるなどした。簡易食堂は窮民を救済するための事業で、市役所や慈善団体が非営利で経営し食事を提供していた。『東京苦学成功案内』（虹文社、大正十一年）の著者・岩本光良は新橋にあった簡易食堂を訪れ、一食十二銭（現代の価格だと三百八十円程度）の定食を実際に食べている。メニューは丼飯と汁物、漬物の三品、衛生面から箸ではなくスプーン、ついでに爪楊枝もついてくる。汁物は豚肉のすまし汁、玉ねぎとさつまいもが入っているが、「味は上等とは思えない」としている。

簡易食堂は一定の役割を果たしたものの、決定的な打開策とはならなかった。簡易食堂

簡易食堂の風景（『大阪自彊館の十七年』（財団法人・大阪自彊館刊、昭和三年）

を全国津々浦々に作ることは不可能ではあるし、『大阪朝日新聞』（大正十一年五月十一日）に掲載された「簡易食堂行詰る」によれば、「儲からぬので誰も引受ぬ」という状況も発生した。
そんな中、一人の男が静かに立ち上がる。その名も赤津《あかつ》政愛《せいあい》、漢学を修めた記者で簡易生活の実行者である。赤津政愛が出した解決法は単純で、米以外の主食を食べればいいというものだ。実行するためのガイドブックとして『一日十銭生活：実験告白』（磯部甲陽堂、大正七年）を出している。十銭は現代では三百円程度で、簡易食堂でも一食十二銭なのだから、一日十銭というのがいかに安価なのかが理解できるだろう。
赤津は米騒動以前から、自身の人格を向上させようと簡易生活に没頭し、代用食の研究に勤しんでいた。その目的は、簡易な代用食を探し出し、日々食べることで人格を向上させることである。なぜ代用食を食べると人格が向上するのかは謎でしかないが、とにかく赤津はそう思ったのである。

赤津は本気であった。簡易生活を実現するために、簡素で安く健康を害さない食材を探すべく向かったのは貧乏な家庭であった。米など買えないくらいの生活をしている人々から、米なしで生きていける方法を学ぼうとしたのである。この発想からも分かるように、赤津政愛という男はかなりの変人だった。

十二円（現代の貨幣価値でおよそ月収十七万円）で、家族八人なんとか生活している守衛さん、鉄工所の見習い青年、病人を抱えた官吏などに取材したところ、貧しいながらも元気に働ける食生活を支えていた彼らの共通の主食は麦飯だった。赤津は早速麦飯や麦粥を食べる生活を始める。

調査し考えたあとには、自分で実行し試してみるというのが彼の流儀で、簡易生活者としては満点だ。ちなみに赤津の家には書生（住込みで家事手伝いをしながら学校に通う人）がいたのだが、この男は美味いものが好きだった。彼は麦飯など食いたくないと、普通に白いご飯を食べている。簡易生活を追い求める赤津であるから、文句など言わない。自分だけが黙々と麦飯を食べ続ける。

　これに飽き足らず農村を巡ってみるも、思ったよりも文化的で豊かな生活をしている。食材にめぐまれ米など食べ放題であるから、全く参考にならない。ようやくとある寒村に辿り着き、お百姓さんから「さらさ飯」というものを教えてもらう。これは米と麦、そして大根の葉っぱを混ぜるというもので、聞いたその日に木賃宿（食料持ち込みの安宿、調理環境がある）で実行するが、安宿に泊まるような人々の口にも合わない味だった。作ってしまった赤津は、我慢して三杯は食べたが、これじゃ駄目だと諦めてしまう。

　赤津は簡易生活の実行者であったので、現実的に物事を見ることができた。美味いものを食べようと思えば食べられる時代にあって、不味いものなど食べ続けることは出来ないと知っていた。だからこそ、さらさ飯は実用的ではないと判断できたのである。

　赤津はその後も未知の植物を探し出すため山深く分け入ったり、東京の貧民街を巡り歩いては、米の代わりになるようなものを探し続けた。あるときにはワラ餅すら食べている。ワラ餅というのは、石灰を加えた水に浸し続けたワラと餅米を混ぜたものだが、もちろん美味いはずがない。木食上人《もくじきしょうにん》の話を噂に聞くも、常人には実行できないと落胆する。赤津が麦飯を食べはじめて、すでに二年の時が流れていたが、どうしても決定的なものが見付からない。

独自の食品で米騒動に立ち向かう

そんな生活の中で赤津は、卯の花（オカラ）だけを食べ続けているのにもかかわらず、頑強な身体を持つ貧民街の人々と出会う。そこで赤津は卯の花を代用食としてはどうかと考え、卯の花飯というのを試みている。これは同量の米と卯の花を炊くというもので、当たり前だが美味くはない。食べれば食べるほどに、米の美味さが懐かしくなるような味だった。

例の書生はやはり白米、それを横目に赤津は卯の花飯を食べ続ける。赤津は自分ですら我慢すれば食べられるといった品質のものを、他人に食べさせるというのは現実的ではないと知っていた。赤津は誰でも美味《おい》しく食べられるような米の代用品を探し続けていた。

とある老人から聞き出したのは、餅に卯の花を混ぜるというレシピで、実行するとなかなか美味い。これは良いと数日は続けるも、赤津は胃腸を壊してしまう。何とかならぬかと卯の花のことばかり考え続け、美味くもないものを食べ続けるうち、とうとう赤津は異常な気持ちの落ち込みに苦しみ始める。

そこまで大変なら、いい加減なところで止めてしまえばいいのにと思うわけだが、とにかく赤津はしぶとく粘り強い。この危機も、古書を紐解き「保寿散《ほじゅさん》」という薬を発見して乗り越える。これは黒胡麻《ごま》と胡椒、そして蜜柑《みかん》の皮とダイダイの皮、麻の実を混ぜたものである。飲めば気分が爽快になるそうだ。効果の程は保証できないが、とにかく赤津は元気になった。

復活した赤津は、不味いものを食うために薬味の研究にも没頭し、ありとあらゆるものを米に混ぜて実験しているが、なかなか上手くいかない。やはり卯の花だと、またも卯の花飯を食べ続ける赤津だったが、どう考えても美味くはない。我慢をしながら食べている。これまで発見した代用食も、常食に耐えるようなものではない。

ある日のこと、赤津は餅がダメならパンはどうだと思いつく。ものは試しとばかりに小麦粉を購入し実験を開始するが、どうも赤津という人は料理はあまり上手ではなかったようだ。彼は卯の花に小麦粉を適当に混ぜ、そのまま焼く。これではパンになるはずもない。当然ながらペンペラの、伸びない餅のようなものが焼き上がる。ところが食べてみると、思いのほかに美味い。これまで食べ続けてきた麦飯や卯の花飯とは、比べものにならないくらいに美味である。

例の書生に食べさせてみても、評判が良い。その美味さに動かされ、ついに書生も研究に参入する。この書生、赤津と違い美味いものと料理が好きだったらしく、彼の参戦でレパートリーが一挙に増える。焼いたりおはぎにしてみたり、雑煮もどきを作ってみたりすると、やはり美味い。二人はこれを卯の花餅と名付け喜んでいた。

実際に作って食べてみた

卯の花餅がどのようなものなのか、かつて作って食べてみたことがある。『一日十銭生活・実験告白』には、小麦粉三百七十五グラム、卯の花三・六キログラムで二日分の食料になるとしか書かれていない。詳しいレシピは不明である。そこが一番肝心なんじゃないかと突っ込みを入れたいところだが、赤津は変人だから仕方がない。

もっとも、赤津がそれほど凝ったことをしていたはずがない。彼を見習って、私も適当に作ってみることにした。卯の花と小麦粉を混ぜ合わせると、白玉団子のような感触になる。平らに整形し焼いてみると、確かに食べられなくはないものができる。舌触りは少々ざらつく上に、口の中がやたらと乾く。油をいろいろ試してみると、胡麻油で焼くのがベストだった。香ばしくて、なかなか美味い。主食に出来るのかというとかなり疑問が残る

かなりこねにくい

私が作った卵の花餅

が、特に癖もなく不味くもなければ美味くもないといった食品だ。

書生が現代に生きていたなら、どうするかなとも考えた。食感的には、中華風の味付けが合いそうだ。オイスターソースと葱《ねぎ》を混ぜて、有り合わせの茗荷《みょうが》の梅酢漬け、ササミなどを入れて焼き上げてみると、なかなか美味い。桜エビなどを混ぜれば、さらに美味くなりそうだ。肉の割合を増やせば、立派なご馳走になるんじゃないかと、あの書生ならば考えるんだろうなと想像をしてみたが、それじゃオカラハンバーグじゃないかと気付いてしまった。

私の実験は数回で終わったが、書生と赤津の卯の花餅生活は三年も続いた。二人はなんの不満も持たず、また飽きることもなく、卯の花餅を食べ続けた。そんな生活の真っ只中で起きたのが米騒動である。

窮民の困却を見るに見かねた赤津政愛が立ち上がる。自分が発見した卯の花餅を、大々的に発表したのである。手始めに卯の花餅の普及のため新聞記者を呼び集め、試食会を開催、いくつかの新聞社が卯の花餅の記事を掲載している。続いて卯の花餅のガイドブック『一日十銭生活：実験告白』を出版する。

実は赤津以前にも、卯の花の利用は何度も啓蒙されていた。破棄される卯の花の量を示し、これを国民が全て食べればいくらの利益がある……というのは代用食の世界では定番の話題といってもいいくらいだ。

しかしながら、それらは机上の空論でしかない。自分は食べたくないけれど、貧乏人が食べればいい……そんな話に意味などない。『一日十銭生活：実験告白』は、実際に三年間も卯の花餅を食べ続けた赤津と書生の体験談で、想像だけで書かれた産物とは全く質が違うものだ。

卯の花餅でどれ程の人が救われたのかは分からない。せいぜい数名程度といったところなのだろう。『一日十銭生活：実験告白』の中に描かれる彼の情熱も、他人から理解されるようなものではない。滑稽味すら感じてしまうものの、失敗しようとも謎の情熱を持ち続け、幾度も果敢に立ち上がる彼の姿には、なんとなく心動かされるものがある。そして出版の後も赤津政愛は、自らの手で開発した卯の花餅を、書生とともに改善させつつ、大喜びで食べ続けた。

私はこの事実に、妙な感動を覚えてしまう。ちなみに赤津政愛は、昭和十年に『大日本帝国仏所護念大本営』という大著を物している。そのときにまだ卯の花餅を主食としていたのかはどうかは不明だ。

以上、赤津の行動を追ってきた。調査と実験を繰り返し、改善を怠らず実践し、ついには食の簡易化に成功、さらには記録を書籍として出し、他人を助けようとまでしている。簡易生活者としては満点の行動だといえよう。

忙しい現代人が、赤津や二宮のように、大規模な実験をするのは難しいかもしれない。しかし彼らの奮闘ぶりを眺めていると、小さな実験を楽しんでみる気になってくる。ひと月だけ無駄なものを買うのを止めてみる、同じ服を三着だけ買ってみる、そんな小さなところから始めてみるのもいいかもしれない。

最後に付け加えておくと、赤津と二宮の「記録したものを公開する」という行動は、次章の「簡易生活的趣味の方法」につながるものでもある。続けて彼らに勝るとも劣らない簡易生活者たちを紹介していこう。

第六章　簡易生活的趣味の方法

虚礼だらけの年末年始

簡易生活は衣食住を単純にして、生活を簡易にする方法だ。しかし趣味や楽しみを削《そ》ぐようなことはしない。むしろ生活を簡易にして、趣味や仕事に没頭する人生を推奨している。

上司小剣は「歳暮の虚礼」(『簡易生活　第二号』明治三十九年十二月一日)で、正月自体は楽しくて良いものだが、虚礼が多く楽しみを追求していないのではないかと疑問を差し挟んでいる。

「人生五十年をノベツ幕無しにつづけられては、退屈しますから、一年々々に区切りを設けて、歳の暮《くれ》に過去を回顧し、年の始めに新《あらた》な希望を抱かせると云う必要はありましょう」。しかし「自身の必要からでは無くて、世間体がドウだとか、人があああするから、自分もこうすると云ったような、所謂《いわゆる》虚礼一点張りになっては、全くの自縄《じじょうじ》自縛《ばく》で、自分に自分の手を縛って、『これではたまらぬ』と云って居るのと同じです。一体人間と云うものは、仕《し》なくてもよいことを、わざわざ仕出《しで》かして、結局は其の煩雑に困ると云うようなことを始終やって居るもので、別に歳暮年始に限って虚礼を行うものではありませんが、歳暮年始には殊《こと》に虚礼の例が多いのです」。

しなくてもいいことをして、大騒ぎをするという行為は、当時は批判の対象とされていた。夏目漱石の『吾輩は猫である』の猫も、「そんなにこせこせして呉《く》れと誰も頼んだ訳でもなかろう。自分で勝手な用事を手に負えぬ程製造して苦しい苦しいと云うのは自分で火をかんかん起して暑い暑いと云う様なものだ」なんてことを主張している。

上司はそこから一段進み、人がどう思うかよりも、自分がどうしたいかを重視しろと語っている。大抵のしなくてもよいことは、他人の思惑を気にするから発生する。そんなものにかかずらうことなく、好きではないことなんて止めてしまい、自分がしたいことをしようではないかと上司は説いているわけだ。

人生には趣味と云うことが必要です、生活上必要なことだげ《ママ》をして、無益なことは一切しないと云うことになっては、寧《むし》ろ生《うま》れて来ない方が良かったくらいのもので、人生は宛《まる》で砂漠のようになります。それだから虚礼でも何《な》んでも、面白ければ行《や》るがよい、生計に余裕があれば、何んでも好きなことをするがよい。生計に余裕が無くとも、明日喰《く》う米が無くとも、羽織袴を着けて、綱《つな》ッ引《ぴき》（人力車などに綱をつけて先引きすること。

また、その人〕の車で駆け廻《ま》わるのが面白いと云えば、それもよい、道楽なら仕方が無いが、歳の暮だからと云って、砂糖袋や鴨の籠詰めを人の家へ持ち廻わるのは、別に趣味のあることでは無い、向うから砂糖袋を貰《もら》って、此方《こっち》から棒鱈《ぼうだら》を持って行くことを面白いと心得て居る人は一人もありますまい。（中略）掃除は必要のある時にすること、餅は喰いたい時に搗《つ》くか買うかすると云うことを勧めます。

年の暮れに明日の米もないのに羽織袴を着用し、別料金を取られてしまう綱ッ引きの人力車で駆けさせ、贈り物を配り廻るのが面白いのなら仕方がない。だけどそんなことを心の底から喜ぶ者などいないはずだ。なぜなら全てが虚礼だからである。

羽織袴で人力車を飛ばし贈り物を配るのは、人に見せるための行為であって、自分の楽しみではない。楽しくないなら、そんなことは止めてしまえばいい。お正月にとらわれることもない。自分がやりたいときに掃除をして食べたいときに餅を食べる、そんな暮らしを送ろうではないか。これが「歳暮の虚礼」の趣旨である。

「歳暮の虚礼」は実に過激な文章で、現代でも実行するのは難しいように思える。もちろん今では年末に砂糖袋と棒鱈の交換なんてことはほとんど行われていないが、それでも虚礼はまだまだ残っている。綱ッ引きの人力車で駆けさせる人はいないが、車や住居を見栄で選ぶ人はまだまだいる。人生の大きなイベントで、自分の好みよりも格式や世間体を重視してしまうなんてことも、まあまあることだろう。

ましてまだまだ古い因習にとらわれる人が多くいた明治時代において、馬鹿馬鹿しい虚礼なんかより、各々が面白いと思う時に面白いことをしたほうが良いと言い切って、実行するのはかなり無理がある。ところがこの小文を書いたのは、最早お馴染みの上司小剣だ。彼は生粋の簡易生活者だから、それを実際にやってしまう。

簡易生活は楽しさを制限しない

上司は大正時代に入ると蓄音機にのめり込み、やがて相当のマニアとして知られるまでに趣味者として成長する。当時の富裕層でも購入を躊躇するような日本に一台しかない蓄音機を購入し、回転するという共通点から高級腕時計にも興味を持った。

上司はそれなりに収入のある身分ではあったが、質素な暮らし振りを続けていた。酒も煙草も大嫌い、宴会にはなるべく参加せず、芝居を見るより家で蓄音機を触っていたほうが幸せ、勢い趣味の仲間以外とは徐々に疎遠になるといった生活だ。正月も質素に過ごし、蓄音機を置くために仕事用の机を小さなものにする。まさに簡易生活で、当時の富裕層としては慎ましやかな暮らしである。だからこそ、蓄音機にお金を使うことができたというわけだ。

上司はレコードを集めるのではなく、蓄音機自体が好きといったタイプで、ターンテーブルが回る様子を延々と見続け、深夜に起き出し蓄音機を眺めニヤニヤする。蓄音機に埃《ほこり》がかかるからと天井の隙間に漆を塗り、清潔さを追求するため蓄音機向け白衣を考案し特注しようともしていた。自分が死ぬときには蓄音機のゼンマイを湖に沈め、自分と一緒に蓄音機を燃やしてしまいたいと願っており、すでに常人では理解できないような領域に達している。上司の「なんでも好きなことをするがよい」というのは、心の底から湧き上がった声なのだろう。

上司の蓄音機仲間に、「銭形平次」の作者として有名な野村胡堂《こどう》がいる。野村胡堂はレコードを聴くのが好き、上司小剣は蓄音機が好き、お互いに弱いところを補いあいながら趣味を楽しんでいた。野村胡堂は簡易生活の人ではないが、こんなことを書いている。

私は蓄音機道楽も古いものだが、近頃は病膏肓《やまいこうこう》に入って、あれを聴かないとどうも寝付かれない。その代《かわ》り外の道楽は悉《ことごと》く中止してしまった。酒や煙草は申すまでもなく、芝居も活動〔活動写真〕も、若い頃にはかなり好きだった美術道楽も封じてしまった。第一、家へ帰って勝手なプログラムで、存分に蓄音機音楽を聴くことを考えると、芝居や活動を見て居たって、一向面白くもなんともない。況《いわ》んや愚にもつかざる宴会や酒席に於《おい》てをやだ。

して見れば、蓄音機道楽は、家庭平和の一大要訣《ようけつ》とも言える。世の奥さん方たるもの、ご主人がレコードを買って来たとき、夢々不機嫌な顔をしてはいけない。カフェーやバーを呑み廻って、法外なチップを撒《ま》き散《ちら》して歩く代りだと思ったら、蓄音機のレコードなどはカキ餅よりも安いものだ。

（あらえびす『蓄音機とレコード通』四六書院、昭和六年）

ひとつの好きに没頭することで、他の無駄がなくなるといった文章で、マニアの言い訳のような気もするが、なかなか面白い考え方だ。簡易生活的な趣味の方法については続いて詳しく解説していくが、とりあえずここでは自分の趣味を止めてしまう必要はなく、むしろ好きなことに没頭し他人から少し距離を置くための方法が簡易生活なのだと理解しておこう。

生活の改善を趣味にすることの効用

簡易生活では趣味がなければ生活もないし、生活がなければ趣味もないとされている。『鉄道家庭論』（甲斐園治、鉄道時報局、明治四十三年）は、鉄道関連の職業に従事する人がいかに生活するべきかを説いた書籍だ。対象読者の範囲が狭すぎるような気がしないでもないが、本書でも「生活の複雑に伴う弊害」「簡易生活即注意の生活」などで、簡易生活についても触れられている。それらの内容に関しては、これまで紹介してきた簡易生活と大きく変わらない。少し珍しいのが「職業に伴う趣味」の章で、趣味を簡易生活的に解説している点である。

趣味を持つ人は「多方面に進歩した頭」を仕事に応用する傾向がある。趣味は個人で楽しむものであり、その世界では他人の評価に意味などない。だから職場でも他人に流されることなく、自分の仕事の楽しさを発見することができるはずだ。楽しいのだから、自然に仕事熱心にもなる。いずれ採用基準として、趣味が取り入れられることになるだろう。

将来のことを考え、今から趣味を持っておくべきだろう。

経済状態や時間的に厳しいのであれば、仕事に関連した趣味を持つのがいい。電車に乗りながら風景を見るのも、またひとつの趣味である。これなら仕事をしながら趣味も楽しむことができる。「趣味を解し趣味を以《もっ》て」労働することは素晴らしいことだ。生活に余裕が出てきたら、本格的に旅行をすればいい。鉄道関係の仕事をしているのだから、より楽しむことができるだろう、といった提案がなされている。

職業に関係することを趣味にするのは、確かに効率が良い。趣味の技術が向上すれば、仕事に反映させることもできる。私の趣味は古書を読むことだが、データの管理やデジタルデータの閲覧、そして古書に関連した文章を書く際には、仕事で使うコンピュータの技術が役に立つ。また趣味のために新しい技術を取り入れ、それを仕事に活用することもある。趣味と仕事に共通する要素がなければ出来ないことではあるが、探してみると意外なところでつながっているかもしれない。

生活の改善自体を趣味にするという提案をしているのは『人間万事我輩の如く』だ。すでに何度か登場している著者の佐治実然は簡易生活の実行者で、彼が簡易生活を送る理由は奮闘生活のためである。奮闘生活というのは「心を安らかに持って、自由自在の活動をすると云うような意味」で、「人間の生活を規律正しく、清潔にすると云う事が、簡易生活の意味」だとしている。

そんな佐治が書いた『人間万事我輩の如く』は、自らの人生を手本にせよという内容で、「趣味生活に於《おい》ては常人の上に出《い》でているつもりだ」と語り、「私は小さい骨董品をいじくって楽しむような馬鹿なことはしないが、其《そ》の代り家庭そのもの、家屋敷そのものを大きな骨董品と見てこれを如何《いか》に整理し如何に手入《ていれ》すべきかということに趣味を有《も》っているのだ。これは殆ど前人未発の見識じゃないか。こういう風に考《かんがえ》を大きくすると一幅の掛物に数百千金を投じたり、門標に瀬戸物を用いたりして楽しむというような小さい考が無くなって、堅実に世帯《しょたい》を持つことが出来る」としている。

生活の改善を趣味にしてしまうというのは、実に簡易生活的だ。生活のために必要なことは、いずれはやらなくてはならない。どうせやるのであれば、効率的にしたほうがいい。その効率化を趣味にしてしまえば、しなくてはならないことが娯楽となる。

これに続けて佐治は「娯楽は一種の流行の如く、園芸・養禽《ようきん》・囲碁・球戯・庭球・芝居などの勢力に盛衰消長があるけれども、主観的に見れば自分の趣味は娯楽は永遠の趣味娯楽で、世俗の流行とは没交渉である。また流行的娯楽を追う要もない。書画が流行る、陶器が流行るといって、それに趣味を有《も》たない癖に時代の風潮を追うのは、泡《あわ》よくば一儲けしようという陋劣《ろうれつ》な考に基《もとづ》いているのだ。一体富豪の取る娯楽は金《かね》本位、動物欲本位で、品位、風教に対する害毒ということを少しも考えていないから、あれは絶対に模倣すべきものではない」と語っている。この辺りも簡易生活の考え方がよく出ていて、世間や他人が何かに熱中していたとしても、自分が興味を持てないのであれば相手にしない。衣類や住居に興味がないならば、機能のみで選択するというのと同じような判断基準だ。

小さな本棚をひとつ用意してみる

もう少し具体的な趣味も紹介しよう。「ございますと云うよりデスと云うほうが簡易である」と主張していた堺利彦は、「家庭文庫」(『家庭雑誌　一巻第一号』明治三十六年四月二日)で、小さな本棚を一つ用意しようと提案をしている。

善き家庭には是非一つの文庫が欲しいものです。文庫と云っても何も大きな庫《くら》の事ではない。小さな本箱でもよい。チョイとした書棚でもよい。形は何でもよい。只幾《ただいく》らかの善き本をそこに集めておきたいのである。(中略)／本は一種の友達である。(中略)

ヒトリの話相手も入《い》らぬと云う人はヨモあるまい。そこで、家庭に文庫を作るのは沢山の善き友達を拵《こしら》えておくのであるから、是《こ》れに異存のあるべき筈《はず》はない。／（中略）人は見かけによらぬと云う事もある如く、見かけによらず面白い本も随分あるもの。それを見つけだして其《その》味を嚙《か》みだすのは、また一種云うべからざる趣味であろう。それから又、久しく名を聞いて床《ゆか》しく思った本を手に入れて、それを初めて読んだ時、それを本箱に飾った時、其嬉しさは何に比《たと》えん。是《こ》れまた一種云うべからざる趣味であろう。（中略）／本は固《もと》より読む為のものであるが、読む為と同時に、又装飾の為にもなる。書棚や本箱を綺麗にして、それに順序よく色々の本を置きならべる。是れほど上品な装飾は無い。生花《いけばな》も善い。掛け軸も善いが、それと同時に書棚か本箱かが一つや二つ置いて無くては、どうしても其家の趣味が全《まった》からぬ心地がする。

「家庭文庫」は読書に、集めるという要素と、装飾としての役割を付け加えている。一つの趣味から複数の楽しみや効果を引き出すことができれば、別の趣味に手を出す必要もなくなる。簡易生活は煩雑さを減らしていく手法だが、このように一つの趣味に多面性を付け加えることで減らせることがある。

以上が簡易生活における趣味の扱いだ。まとめると、職業に関連する趣味を選ぶことで、よりよい生活を送ることができるようになる。生活の改善自体を趣味にしてしまうのも面白い。趣味の世界には、他人からの目を持ち込まず、また評価も求めない。「趣味は個人で楽しむもの」で「世俗の流行とは没交渉」だ。

現代でも、趣味を他人への優越感を得るためのツールとして扱っている人はそこそこいる。それはそれで楽しいのかもしれないが、簡易生活的にはお勧めできないといったところであろう。最後に紹介した「家庭文庫」は、趣味に別の要素を付け加えることで、省力化と他の楽しみを付け加えることができるというものであった。

これに加えて、簡易生活の趣味の技術として、メモの効能も紹介しておきたい。

簡易生活的メモのススメ

先に軽く触れたように、加えることで趣味の楽しみに深みがでるという技術がある。さらに趣味でもなんでもない、何気ない普段の行動に、〝何か〟を加えると趣味になってしまうことすらある。付け加える行為としてお勧めなのが、簡易生活者たちも時に実行しているメモである。

メモの実践者として最初に紹介するのは、大正時代にたわいもない記録をお金にした簡易生活者である。斎藤新太による『廿一日間断食日誌』（ラシク新聞社、大正十四年）のまえがきには、斎藤がこの書籍を売り出した理由が書かれている。

　本誌発行の主意。世間には無数の新聞雑誌がありますが多くは賢者、富者の経営にして私の如き真の低能者や或《あるい》は逆境者の心境を了解して頂く事は出来にくい。ソコデ、私は低能者の事を知るは同じ低能者に限るし、逆境者の事を知るは同じ逆境者に限るとの見地より、先《ま》ず、生活の安定は「ラシク」するに在《あ》りとの標語を掲げて、大正十年七月より単独にて稼業の余暇を以《もっ》て、私の如きの低能者は低能者ラシク、逆境に在る人は逆境ラシク、一時豚生活に甘《あまん》じて、他日成功なり安心立命の基礎となすべく、日本最小のラシク新聞を以て原始的簡易生活を宣伝しつつあるのですが、年々発行部数を増やすにも拘《かか》わらず、殆《ほとん》ど無代にて配布し、殊《こと》に近頃の大不景気のため、私の小遣い銭位では思う様発行できず、思案の余り私が昨年郷里にて、「人間は一粒も食わず何日間生きていられるか」を試みた廿一《にじゅういち》日間の断食日誌を公にし同志の御後援によって其《その》売上代金をラシク新聞の紙代としたならばとの窮策により、大急ぎにて謄写《とうしゃ》摺《ず》り〔ガリ版〕としてここに発行致した次第であります。

低能者ラシク、逆境ラシク、豚生活など、なんだかすごい文章であるが、それについてはおいておこう。作者の斎藤新太は、『ラシク新聞』の紙代を稼ぐ方法を考えるうち、ふと二十一日間の断食記録があることを思い出し、それをまとめたものを発行することにした。

もともと胃炎を治すため断食を始めたのだが、続けるうちに作者は、人間は何日程度食べずに過ごすことが出来るのか、食べるのを止めてしまえば最高に簡易ではないか、食べなければ一生を無料で暮らすことが出来るのではと思うに至った。ずいぶん極端だが、こういう人だからほぼ無料で『ラシク新聞』を発行し続けることができたのだろう。斎藤新太の行動は謎に包まれていて、巻末にはこんなことが書かれている。

本誌御入用の御方は、先ずはがきにて御申込み下さい。直に御送付致します。代価は御一覧の上にて、なるべく三銭か一銭の郵便切手にて全十三銭分御送り下さい。若《も》し御不用でしたら、御知人へか或《あるい》は鼻紙におつかい下して、決して御送金又は御返本には及びませぬ。

断食の記録を日誌として出版し、新聞の紙代にあてようというのに、「御送金又は御返本には及びませせぬ」というのだから、お金を儲けたいんだか損したいんだかよく分からない。

さらに印刷したのが大正十四年の十二月二十六日、発行したのが大正十四年の十二月二十九日で、暮れも押し迫った時期だ。他にすることがあるだろうといった感想を持ってしまうが、簡易生活的には、たとえ歳末でも好きなときに好きなことをするというのが正解だ。

メモの具体的な内容はというと、日時別に摂取した水の量と身体の状態、そして感想が次のような雰囲気で二十一日分掲載されている。

第十二日目（十一月五日）曇
午前五時四分目覚む（中略）
六時五十分水五勺《しゃく》（中略）

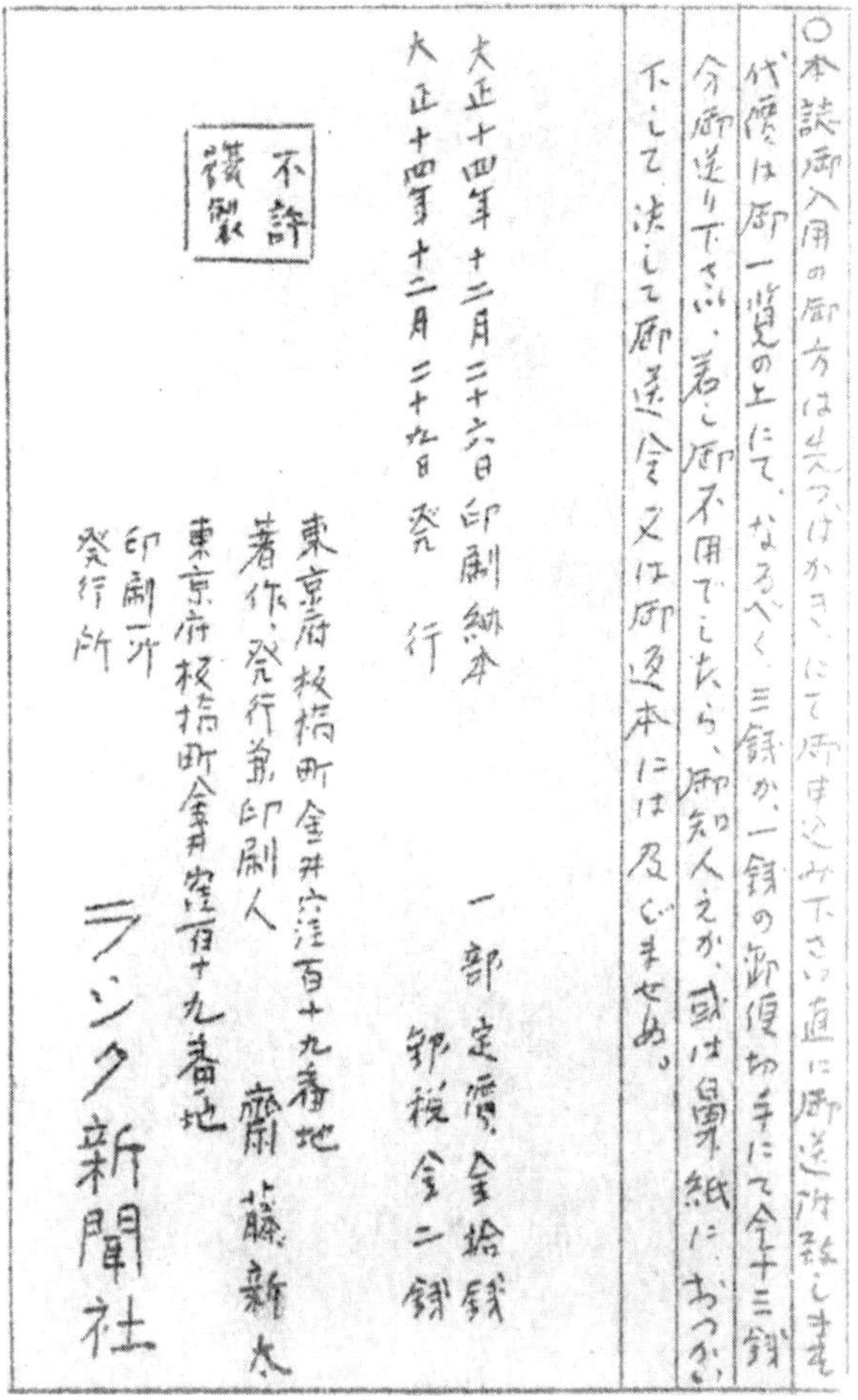
○本誌御入用の御方ははかきにて御申込み下さい直に御送附致します
代價は御一覧の上にて、なるべく三錢か、一錢の郵便切手にて金十三錢
御送り下さい、若し御不用でしたら、御知人えか、或は鼻紙におつかい
下して決して御送金又は御返本には及びません。

大正十四年十二月二十六日印刷納本
大正十四年十二月二十九日發行

一部定價金拾錢
郵税金二錢

不許複製

東京府板橋町金井窪百十九番地
著作、發行兼印刷人 齋藤新太

東京府板橋町金井窪百十九番地
印刷所
發行所 ラシク新聞社

ガリ版で印刷されている（斎藤新太『廿一日間断食日誌』ラシク新聞社、大正十四年）

七時体温三十六度三分
脈六十六（中略）
〔午後五時〕気分甚《はなは》だ良し。都会の住宅問題や、農村改良問題等につき、空想を続け、実に愉快に思いつつ日が暮れた。人間コー云《い》う境遇で毎日日を送り得たならば、ドンナニカノンキであろう。兎《と》に角《かく》本日で丸十二日間は水だけで生きて来たのだからネ。

二十一日間の断食をした斎藤は、「逆境に陥るとも十日や二十日間は水さえあれば生きられる」という確信を持ち、生活に安心を得たと語っている。二十一日間の断食の結果、十キロも減量しており健康状態が心配ではあるものの、本人が幸せなのだから趣味として大成功だ。メモのひとつひとつには、大したことは書かれていない。それでも二十一日分を並べて読むとなかなか楽しく、斎藤自身もメモを他人に読ませてみたいという気持ちがあったのかもしれない。それをガリ版で印刷してしまったのだとしたら、趣味の達人としてもいいくらいだ。

気取らず、好きなことを書く

メモをとろうとすると身構えてしまう人もいるかもしれないが、斎藤のように短いものでも十分だ。例えば食事をスマートフォンで撮る。写真に位置情報や日時のデータが含まれているのだから、それだけでメモになる。体重や健康状態、その日の気分などを付け加えれば、食事と自分のコンディションの関連性が見えてくる。参考までに私の読書メモも掲載しておこう。次のようにかなり雑なものである。

豪傑要石百太郎　吾妻竹造　博多成象堂　明治四三（一九一〇）年 2011-07-11 18:26:20：旅行をしていて出版出来なかった。山賊を火で殺す。船、飛び込み逃げる。山寺の妖怪、相撲、ハッピーエンド。

タイトルと日時、そして感想やあらすじを記録している。こんなものが役に立つのかというと、あるとないとでは大違いで、今では資料として活用している。こうして延々とメモを取り続けていると、ふとしたおりに、『ラシク新聞』の斎藤のように他人に伝えたくなることがある。ところがそのままメモを出したところで、なかなか人は面白がってくれない。自然に人が読んでくれるような文章や、イラストなどを付け加えることになるのだが、慣れていないとなかなか難しい。
そこで『家庭雑誌　一巻第一号』（明治三十六年四月三日）に掲載された、投稿者に向けたアドバイスを紹介しておこう。書いたのは堺利彦、後に名著『文章速達法』を書き上げたほどの人なので、的確なアドバイスになっている。

珍《めず》らしき生活楽しき生活

我輩は読者諸君の中から、珍らしき生活と楽しき生活との通信を得たいと思う。自分自身の事でも、又は見聞した事でも、是《こ》れは面白いと思われる者があったら、何卒御《なにとぞおん》知らせを願いたい。但《ただ》し其《そ》れを書くについては左《さ》の条条に御注意を乞う。
一、総《す》べて有りの儘《まま》を、有りの儘に書く事
一、文章など気取らずに、成るべく口で話す通りに書く事。
一、長短は固《もと》より御随意であるが、こここそ肝腎と思われる点は、随分詳細に書く事。さなくては〔そうしなければ〕折角の珍らしき所、楽しき所が十分に現われぬかも知れぬ。其《その》代り面白く無い所はズンズン略して書く事あったことをそのまま、気取ったりせず、自分が読みやすいと思う文章を書く。どうでもいいところは略してしまい、好きなところをしっかり書く。実に簡易生活的な考え方である。文章へのアドバイスであるが、全ての表現に通じるものだろう。

こういった手法で蓄積したメモを公開すると、たまには誰かの役に立つことがある。「他人の能力を向上させることで、自分の生活が楽になる」という簡易生活の考え方に沿った行動だ。上記のアドバイスが掲載された理由も、読者の投稿の品質を上げれば、雑誌の品質も上がるといったもので、やはり「他人の能力を向上」させるためのものである。このように簡易生活の考え方は、全てがうっすらとつながっている。

ここでもう一度、紹介してきた簡易生活における趣味の技術をまとめておこう。

・個人で楽しめる趣味を選ぶ
・生活を趣味にする
・仕事も趣味にする
・記録する

個別に見ればなんでもないようなことばかりだが、明治時代にこれらを組み合わせ、偉大な仕事を為し遂げた人がいた。彼は一人、日露戦争に趣味の花で挑んだのである。

日露戦争中に花を広めようとした男

明治三十七（一九〇四）年二月から翌年九月にかけ、日露戦争が行なわれ、自然に国民は殺伐とした気分になっていた。新聞雑誌には日露戦争の記事が競って掲載され、日露戦争を題材とする娯楽物語が何作も描かれた。庶民が日露戦争を、娯楽として消費していたようなところもあった。

そんな状況を危惧し、たった一人で静かに立ち向かった男がいた。その名も久田二葉である。久田は地方の農学校に通っていた学生の頃には、植物と文学の関係を研究し、国民一般に趣味を普及させる方法について考えていたような人物で、要するに変わった人である。葉煙草専売局で技師として働いた後、趣味を普及させるためには、社会を改善するしかないと思い立ち、『家庭雑誌』などの雑誌に園芸関係の記事を寄稿した。後に彼は読売新聞の記者となっているが、当時は新聞記者の社会的地位は低く、それほど豊かな生活を送った人ではない。彼と同時期に上司小剣も読売新聞で記者をしており、面識があった可能性は高い。

ちなみに久田が活躍していた時代、園芸は良い家庭を作るために役立つと考えられていた。農作業をすれば運動になり、野菜を作れば栄養になる、ついでに科学的な知識も得られる、といった明治時代らしい合理的な考え方だ。『家庭雑誌』で園芸の記事を書き続けた久田も、堺や上司と同じく、生活の改善に興味を持つ人間であった。

日清戦争の当時、久田は二十代、結婚をしたものの父親が亡くなり一家を一人で支えなくてはならなかった。時に知人に金策を依頼するような苦しい日々を送りつつ、後輩の就職のために奔走をするような人物であった。そんな彼が、後に花で日露戦争に小さな抵抗をすることになる。きっかけは、「花と家庭」（『家庭雑誌　一巻第八号』明治三十六年十一月二日）という記事であった。

この記事の中で久田は、花は「理科の先生である」「花は社会を美しくすると云うことも、其の平和平等の神としての働きで、余等《よら》は日夕《にっせき》謝せねばならぬことである」と書き、園芸の喜びを説いた。この記事を皮切りに、久田は園芸関係の記事をしきりに投稿し始める。農学校を出て苦しい生活の中でも、彼は趣味として園芸を愛し続けた。園芸関連の原稿仕事は、趣味を仕事に活かした形であろう。

「花と家庭」の翌月に、久田は「花を作りたい人へ」という一文を寄稿する。

「花と家庭」を、小言を云わず聞いて下さったお礼として、来年の春蒔《ま》く花の種子を、一人に四五種ずつ二三十人に進呈する。花を初めて作ってみようと思われた方は、花を作りたくなった感と送費とを添えて申込んで下さるれば、蒔く時節と花の形、色など書いたのを添えて送ります。

（「花を作りたい人へ」『家庭雑誌　一巻第九号』明治三十六年十二月二日）

読者から花を育ててみようと思った理由を募集し、花の種と簡単な作り方を書いたメモを郵送するという企画だ。これは雑誌主催のものではなく、単なる久田の思い付き、勝手に立ち上げたものである。

先にも書いたがこの時期の久田は生活に余裕がなかった。それでも読者に花に興味を持ってほしいという気持ちが先行し、こんな面倒くさい企画を実施している。彼の人柄が分かる一文が、『家庭雑誌　二巻第四号』（明治三十七年四月二日）に「編集便り」として掲載されているので、こちらも引用しておこう。

花の友へ（中略）種子を呉《く》れとハガキでよこされた方があったので、送費外の郵券を送られた方へは、別に御返ししなかったから御承知を願います。
花に就《つい》ての質問はドンナことでも聞いて下さい。面白い答が出来れば、誌上へも載せます。余の住所姓名は『石川県鶴来町（中略）久田二葉』です。

送料なしに種をくれとハガキをよこした粗忽《そこつ》な読者がいた一方で、無料で種をもらうのは悪いからと、送料より多めの郵便切手を送った篤実な読者もいた。そんな人に向けた、あなたの好意の切手はありがたく送料として使いましたよという連絡だ。誠実すぎるくらい誠実だが、ついでに花の質問を募集しているのには、情熱がありすぎだろうと感心してしまう。

久田は花や植物に関する寄稿を続けながら、読者からやってくる花を作りたくなった理由を収集し、その返礼として種を送り続けた。そうこうするうち、世の中がどんどん殺伐としてくる。国木田独歩や白眼子の『近事画報』も『戦時画報』と誌名を変えてしまい、ほとんどのメディアが開戦を煽《あお》り立てる中で、『家庭雑誌』の堺利彦たちが創刊した『平民新聞』は平和論を主張していた。第二次世界大戦時の検閲の厳しさからすると、まだまだ自由な社会であったように思えるが、これには理由がある。当時の政府は、海外の目を強く意識していたからである。

96ページで紹介した『衛生小説：大怪物』も日清戦争に絡めた作品であったが、日清戦争の際には清国の悪口を数え歌にしたような書籍がブームになっていた。ところが日露戦争時には、そんな下等な作品は、日本の恥だと禁止されている。

堺たちが平和論を唱えられたのも、日本は言論の自由のある一流国であることを示すため、即刻発禁を避けたことが理由だ。やがて日露戦争が勃発、久田は「花を作ってみたくなりました」(『家庭雑誌　二巻第四号』明治三十七年四月二日)という記事を書き、堺たちとは別の方向から反戦活動を開始する。

花を作ってみたくなりました

久田二葉

花を作って見たくなったという動機のいろいろと、花と家庭に就《つ》いての新《あたらし》い清い物語を集めて見るのは、屹度《きっと》多趣味なことであろうと思う。自分は此《こ》の資料を、昨年来読者諸君の幾人へ、花の種子を上げた時得たのである。

尤《もっと》も、今の時に於《おい》て、ソンナ呑気なことを……と、皆さんからお叱りを受けるかも知れねど、自分は此《この》、国民挙《こぞ》って戦《たたかい》に酔い、花火に見惚《みと》れてスリに逢わんとして居《い》る時に、少しでも其《そ》の酔いを醒《さま》し、スリに逢われぬことを願うので、戦争関せず焉《えん》〔焉にあまり意味はない。「我関せず焉」というように使う決まり文句〕と、花の趣味を語り家庭へ清新の空気を注入するに勉むるのである。自然物に対する趣味鼓吹及び之《これ》が研究に忙しいのである。蓋《けだ》し、これは余輩の天職と信ずるからである。皆さんにはどうか此の言を呑込《のみこ》んで置いて下さい。

趣味はいつしか天職へ

学生の頃から国民一般に趣味を普及させようと考えていた久田であったが、ついには世界の人々へ花の素晴らしさを広めることこそが天職だと考えるに至った。

すでに趣味の園芸は、彼の人生であると同時に、生活にもなっている。生活を趣味にするという簡易生活の技法から、一歩先に進んでしまった人であろう。この記事内で久田は、送られてきた読者の気持ちを収集し記録したものをいくつか掲載している。これが実に素晴らしいので、その一部を抜粋して紹介しよう。

種子島の新家庭。母は極く花がスキでしたが、父は別にスキと云うほどでなかッた。私は母に似て、花と来たら何《ど》んなものでも大スキで、二人の子供にムシられるのにも懲《こ》りず、毎年植えました。昨年友から貰《もら》ッた蕣《あさがお》の種子が生えて奇麗に奇麗に咲いてから、今迄《まで》花に注意をしなかッた父が、フト好きになりました。そこで毎朝縁側へ出て、花を見ながら一家揃って茶を汲《く》み、小児は歌いながら笑ッて花を数えるという新家庭が南海の種子島に生れました。殊《こと》に此の頃は、世間話迄花の傍《かたわら》ですると云うようになりましたので、今更、花の多趣味にして感化慰藉の大なるのを悟りました。（大隅、鮫島生）

花が好《すき》になりました。小学校の落成式に、演壇に種々の花が麗々しく生けてあッたので、それに見惚《みと》れてから唯《ただ》何となく花が好きになりました。今では自然物に興味を持つ人の品位は、高尚で奥床しいと迄思うようになりました。（土佐、下司生）

腕白時代の趣味。私は腕白時代に、名も知らぬ草花を、植えたり枯らしたりしてタワいなく楽《たのし》んで居ましたが、青年となッてから暫《しばら》く浮世のことに頭を突込《つっこ》んで、多少悶《もが》きもしました。しかし今では又《ま》た始めの楽《たのし》みの高尚なるを悟りましたので、早速花を作り

出しました。(北海道、石丸生)

自然を楽むように相成度候。『花と家庭』を拝読仕、日頃無性《ぶしょう》なる小生も、そぞろに草花栽培の趣味を感じ入、此《こ》の春から拙者家庭にも是非、二三種の花を植え付、追々自然を楽しみ邪心に遠《とおざ》かるよう相成度候。(上野、蓮沼生)

いずれも百年以上も昔に生きていた普通の人達の言葉だが、思わず花でも作ってみるかと思ってしまいそうなものばかりだ。「花を作ってみたくなりました」に掲載されている呑気な文章を読みながら、殺伐とした気分になるのは無理であろう。久田は、次のような一文でこの記事を締めている。

我等は、麗《うらら》かな春に、希望ある太陽の光を浴びて、笑う花を見、歌う鳥の声に迎えられ、以上の清い家庭の細語を聞いて、暫く浮世の罪悪の中から救われ、自然の懐に抱かれましょう。(完)

(『家庭雑誌 二巻第四号』明治三十七年四月一日)

ここまでして読者に花を作らせたい理由はなんなのかと疑問にも思うが、そういえば久田自身が「余輩の天職と信ずるからである」と書いていた。

花で日露戦争に対峙《たいじ》するという試みは、歴史に残るようなことではない。まして花で日露戦争を止めるなんてことは、できるはずもない。それでも久田は、有り余る情熱と簡易生活的な思考を使い「家庭へ清新の空気を注入」した。明治の人々の花を作りたい理由を読み「暫く浮世の罪悪の中から救われ」たような気持ちになった現代人もいるはずだ。彼の小さな抵抗は、見事に成功したといってもいいだろう。

最終章　簡易生活とこれから

自分らしさにたどりつくまで

今ではありふれている「自分らしさ」という表現は、明治・大正時代の書籍で見ることはほとんどない。昭和十四（一九三九）年、つまり第二次世界大戦が勃発した年に出版された島影盟《しまかげちかい》の『生活の再設計』（大東出版社）に「自分らしさ」がようやく登場する。

洋風の応接間を設ける。蓄音器を買う。映画を観る。月に何度かネクタイを換えるというようなことに、現代人としての生活を求めるのは、人並の生活をするだけで、特に自分らしく生きる何ものもない。（中略）／世界に十六億の人類があるといっても、自分と同じ人間は二人とない。自分が世界にかけがえのないただ一個の存在であるのを思えば、自分の一生が自分にとってどんなに貴重であるかが自覚される。そこに自分の自分らしい生き方というものがあるべきである。

一般的な価値観を疑い、自分を大切にして、自分らしい人生を生きようではないかと書かれているわけだが、戦時中のイメージとはかけ離れている。現代でも十分に通用するような考え方だ。

当たり前の話だが、昭和十四年に突如として「自分らしさ」が発生したわけではない。簡易生活でも「らしく」は重要視され、簡易生活を実現するための心掛けとして「ぶるなかれ、らしくすべし」なんて格言も作られていた。これは「人並の生活を」して「現代人」ぶるのではなく、「自分らしく」生活しようという意味にも取れる。前章で紹介した斎藤新太は『ラシク新聞』まで発行していた。明治の中頃あたりから、自分のための生活を確立するための活動があり、失敗したり成功したりを続けながら、人々はようやく昭和に「自分らしさ」にたどり着いたのである。

もっとも時代が進み戦争が激しくなるにつれて、自分らしさなど消滅してしまうのだが、それでも自分らしい生活を戦時中に実現させようとした人々が確かにいた。そして生活を良くしようとした人々の活動は現在の今の私たちにつながっている。

簡易生活者たちはどこへ行ったのか

簡易生活を続けた人々は、明治・大正時代を経て激動の昭和へと進んでいく。戦禍に巻き込まれた簡易生活者たちは、どのような暮らしをしていたのか。無名の人が多いため、その足取りをたどれることは少ない。しかし幸いにも本書で度々登場した簡易生活者、上司小剣のその後について知ることができた。

『簡易生活』の編集長として活躍した上司は、簡易生活者としての日々を送りつつ蓄音機で遊び続けたが、やがて戦争が起きる。あれだけ好きだった蓄音機に触れることも少なくなった。かつての蓄音機仲間の野村胡堂へも、楽しい蓄音機の話ではなく、食料不足を訴えるという生活を送ることになる。それでも上司は、晩年まで簡易生活を忘れなかった。

『読売新聞』(昭和十七年十一月二十八日)に、上司による「簡易生活を楽しむ者」という小文が掲載されている。今は戦時中で「生きて再び平和の光りに浴することのできぬという覚悟が」必要だ。「第一には日常生活を簡素にして、一つの無駄もないようにすることを心がけたい」「私は何十年来〝簡易生活〟の主張者であり、実行者である」。だから「人さんのように食料や物資の不自由を感じない」「茶粥に味噌か梅干、それがなければ塩の少量でたくさん。欠乏を忍ぶのではなくて、それを楽しむのが、ただいまの私の生活である」なんてことを書いている。多少の強がりもあるのだろうが、戦時下においても上司なりに上司らしく簡易生活を送っていたことがうかがえる。

ちなみに上司は戦時中、戦争に反対するような言動で軍部に睨《にら》まれていた。そこに「戦争よりは平和のほうが簡易である」という、簡易生活者としての矜持《きょうじ》を感じられないこともない。

簡易生活の残光

今や簡易生活という言葉は、使われることはほとんどない。忘れ去られてしまった言葉としてもいいだろう。それでもまだ、簡易生活の残光のようなものが、そこかしこに残っている。

明治の簡易生活から始まった虚礼廃止運動は、あらゆる式の簡略化を追求し続け、やがては公民館などで結婚式やお葬式を執り行うことが推奨されることとなった。今でこそ公民館が、そういった用途で使われることは少なくなっている。それでも虚礼の簡易化という考え方は、自由な形式の結婚式やお葬式、あるいは式自体の廃止を、自然に受け入れるための下地にはなっているはずだ。

小型の住宅からは床の間は消え、小さな玄関、衛生的な台所や風呂、そしてトイレが備わっている。こちらも見栄えよりも、実用を重視する簡易生活が実現した形である。明治の簡易生活者たちが思い描き、大正の人々が洗練させた簡易生活は、時代的な制約もあり実行するのは難しいところもあった。しかし今やほとんど実現していることばかりだ。

こうして眺めてみると、明治や大正時代の簡易生活者たちが考えていたことは、概ね正しかったのだと感じられる。簡易生活の考え方の中には、時代が進み役に立たなくなってしまったものも、もちろん存在する。しかしものごとを観察し考え実行し、何を中心にするのか決めて突き進むといった簡易生活の基本の部分は、今でも十分に通用する。彼らの考え方を取り入れて、現在に相応《ふさわ》しい簡易生活を見付けることはできるはずだ。

簡易生活を続けるということ

人間は生きている限り、生活をしている。それはどういう状況になっても続くことだ。残念ながら簡易生活は、自分と他人の能力を最大限に引き出しながら、快適に日々を送るための考え方でしかない。簡易生活で時代の潮流に対抗し、世界を変えてしまうことはできない。それでも私はこういう生活をするのだと決めてしまえば、悪い状況にあっても上司小剣のように、それなりの生活を送ることができるはずである。何より簡易生活で、正しい自分を維持することができる。

現在は価値観が多様化している時代だ。時に自分が受け入れがたいような集団も登場することだろう。そのときに簡易生活の原則である、「他人の力を最大限に発揮させる」というものを思い出してほしい。相手の国籍が違おうと、マイノリティーであろうと、そんなことは関係ない。自分の価値観を更新することによって、彼らの能力が発揮できるのであれば、それに反対する意味はない。彼らが住みやすい環境を作ることに出来る範囲で協力すればいいだけだ。

明治に制定された夫婦同姓も、今では意味が薄くなっている。名字を変えたい人は変えればいいが、変えないほうが簡易である。簡易生活者ならば、夫婦別姓に反対する意味などない。

価値観が目まぐるしく変化しているのを見ていると、秩序が乱れてしまうかもと、心配になってしまう人もいることだろう。しかし心配が原因で社会が煩雑になり、進化の速度が滞ってしまうのであれば、簡易生活的には間違っている。かつての簡易生活者たちのように、状況を観察しながら考え、改善していくよりほかない。

現在は先行きが不透明な時代で、未来が明るいとは限らない。今後、明治や大正の簡易生活者たちのように、悪い時代に遭遇してしまうこともあるかもしれない。そんな時代にあっても、簡易生活者たちを参考にすることができるはずだ。まだまだ女性の地位が低い時代に、お手伝いさんの「ふみ」さんは、米磨器を使うことで楽しく平和な生活を見出した。米騒動に対抗するため卵の花餅を発案した赤津政愛も、政府や軍部に抵抗したわけではない。ただ自分の簡易生活のため、簡易な主食を作り上げたにすぎない。二人は歴史に名前を残したわけではなく、ただの生活者でしかないが、そんな彼らの生き方が私は好きだ。

簡易生活を送りながら、たまに私は想像することがある。簡易生活者が政治家なら、悪い政策が行なわれることはなくなる。経営者が簡易生活者なら、職場は働きやすい場所となるはずだ。

明日すぐにそんな状況が来るとは思えないが、自分が簡易生活を続けていれば、周囲の人も多少は影響を受けてくれるかもしれない。

簡易生活をまとめてみる

簡易生活は一人の人間が短期間に作り上げたものではない。あまたの簡易生活者たちが、明治から大正・昭和という長い時間をかけて作り上げたものだ。そこに至るまでに、簡易生活者たちが何を考えどう行動したのかを、これまで描いてきた。本書に登場したあまたの簡易生活者たちの成果を確認する意味も込め、ここで簡易生活の概要をまとめておこう。

一、悪いより良いほうが簡易であるから「良くなるように心掛ける」。
二、迷信よりも科学のほうが簡易であるから「科学的に分析する」。
三、「理屈で考え合理的に行動する」ほうが迷い続けるより簡易である。
四、続かなければ意味がないので「極端にならない」。
五、他人は自分ではないのだから「他人の思惑や評価で自分の意思や行動を変えない」。
六、「好きなことは好きなときにする」と簡易である。
七、不合理な習慣を見直し「虚礼虚飾の廃止」を断行すれば生活が簡易になる。
八、「必要にして十分なもので生活する」と簡易である。
九、「機能を中心に選択する」と必要なものが選べるようになる。
十、「機能が最大限に発揮できるように使用する」と物が減らせて簡易である。
十一、物だけでなく「自分と他人の能力が最大限に発揮できるように行動する」。
十二、「自分と他人の能力も最大限に活用する」ことで生活が楽になる。
十三、他人の能力を活用するため「他人の能力を上げるように行動する」。

十四、向上した「他人の能力を最大限に利用する」。
十五、他人の能力を発揮させるため「他人と平等に接する」。
十六、平等にするため「自分のことは自分でできるようにする」。
十七、他人と効率良くやりとりするため「良いことも嫌なことも素直に伝える」。
十八、嘘は煩雑なので「正直にする」と簡易である。
十九、執着すると煩雑なので「とらわれない」。
二十、一度に良くするのは無理なので「社会の状況に合わせて最も効率の良い方法を採る」。

こうしてみると説教くさいかなとも思えてくるが、新たな主食を追い求める者、奥さんの呼び方に思い悩む者、引っ越しに失敗する者、断食に挑戦する者というように、簡易生活者たちは我々と同じ普通の人々だった。普通の人たちが作り上げた、普通の人が楽しく人生を送るための方法としてみると、親しみを感じられなくもない。

「真に幸福なるもの」

『霊肉統一簡易生活』で桑原真瑞が、簡易生活を送ればどういう生活になるのか書き残している。というわけで本書の締めとして『霊肉統一簡易生活』の結論を掲載しておこう。

「簡易生活の方針を取り、秩序的に稼ぎ働きさえすれば、自己の目的は願わず求めずして成功」する。毎日を心にわだかまりなく、さっぱりと働く。これが人間の働きである。

最高の理想を目的として、常に研究することを忘れてはならない。臨終の寸前まで学ぶべきである。こんな暮らしを続ければ、毎日楽しく面白く過ごせるはずだ。「失敗に喜び成功に忘れ最高の理想を目的として実践」する。これが無我の努力で、実に幸福なことである、と桑原は語っている。

結局のところ簡易生活とは、生活を簡易にしてより良く生きるための方法で、桑原も含めて簡易な生活を送りつつ、良く生きようとした人々が作り上げたものといっていいだろう。続けて桑原は、こんなことも語っている。

宇宙の勢力無限なれば、人の勢力また無限なるべし、宇宙の心が永遠無窮なれば、人の心も亦《また》永遠無窮なるべし。されば思えよ。宇宙と共に活動努力するものは真に幸福なるものなりと桑原の『霊肉統一簡易生活』は、ついに宇宙にまでたどり着いてしまった。いささかスケールが大きすぎるものの、これが桑原という男なのだから仕方がない。『霊肉統一簡易生活』の冒頭で桑原は、「此の世の一員」である自分の小さな心の働きすら、世界に影響を与え、自分もまた世界から「影響を受けねばならぬ」としていた。

本書に紹介してきた人々が、どこかでうっすらとつながり、影響を与えあっている形跡がいくつかあった。『実験自炊生活法』の二宮滄海生は修養団経由で「日本服の将来」の深尾韶と、深尾は社会主義運動を通じて堺利彦や上司小剣たちと、『行商旅行』の白眼子は記者の仕事を通じ上司や堺、さらには赤津政愛とも出会っていたかもしれない。お手伝いのふみさんも、堺経由で矢野龍渓にまでつながっている。幸徳秋水から簡易生活について聞かされた小説家の田中貢太郎が、ふとした折に友人である『抵抗強健術』の横井春野に、こんな生活法があるのだがと語ったこともあるかもしれない。

このように簡易生活者たちは、どこかで交差しつつ、ともに簡易生活を作り上げていった。それは自分の才能のついでに、他人の才能も開花させるという簡易生活の考え方を、そのまま実践しているようにも見える。

こんな事実を踏まえてみると桑原真瑞が語る、世界に影響を与え、世界から影響を受けつつ、「宇宙と共に活動努力する」という主張の意味も、なんとなく分かるような気がしてこないだろうか。

あとがき

明治から戦前にかけて、努力や勤勉さ、そして工夫と根性で、この国はそれなりの地位を占めることができたのだ、かつて私はそんな風に思い込んでいた。

ところが十年ほど前、大量に読み込んでいた明治時代の娯楽物語の中で、理屈や合理性を追求するような記述を数多くみることとなった。科学的に説明できない場面では、これは昔の幼稚なお話ですからと注釈すら入っている。明治娯楽物語は、新聞くらいはやっと読めるといった普通の人々を対象にした作品群だ。書き手もそれほど高い教育を受けていたわけでもない。理屈や合理性なんて素っ飛ばしてしまってもいいように思うのだが、彼らは迷信を拒絶し、不合理な物語に異議を唱えている。もしも明治のインテリ以外の人々が、努力や勤勉さ、工夫や根性だけでやってきたのであれば、理屈や合理性などを強調する必要などないはずだ……そんな違和感はあったものの、そういうものなのだろうと流してしまった。

その後、私は明治の実用書や、新聞雑誌の雑多な記事に手を延ばし始めた。そんな中で偶然にも出会ったのが簡易生活だ。そこには根性論とは程遠い、整然とした世界が広がっていた。理屈で考え、合理的に生活を送れば上手くいく。機能を追求すれば、より良い選択ができる。他人を蹴落すよりも、能力を発揮してもらったほうが住みやすい世界になる。当たり前の考え方ではあるが、現代社会で生活するうちに、私自身が失ってしまったものでもあった。

明治維新を経て近代的な国家を作り上げるのは並大抵のことではなく、努力と勤勉、工夫と根性論だけで、それを達成できるはずもない。明治の人々は上手くやるため、様々な試みをなしていたのである。そして簡易生活も、そんな活動の中で花開いた思想のひとつだ。

もっとも私は、明治時代を理想化するつもりなどない。明治という時代に生きづらさを感じていた人、今では想像もできないような悲惨な境遇にあった人も沢山いた。しかしそんな場所にいながらも、簡易生活を導入し、快適さを追い求めた人がいたこともまた事実だ。過去の事実を切出して、過剰に評価をするのは好ましいことではない。また劣悪さを強調するのも、正しい判断から離れてしまう。簡易生活もまた、どこまでいっても簡易生活だ。皆がより良い生活を送るため、合理的に考えた人が明治にもいた、それだけの事実でしかない。

本書で紹介してきた明治の簡易生活者たちは、概ね明るい希望を抱く人々であった。彼らの活動を引き継いだ大正昭和の人々も、同じような心情を持っていた。そんな彼らが作り上げた簡易生活が行き着く先は、誰もが能力を発揮する世界である。それは能天気な人々が見た、夢物語のようなものなのかもしれない。それでもといおうか、だからこそといおうか、私も含め今まさに生きることに難しさを感じている人が、簡易生活を思い出してもいいのではないかと思うのである。

参考文献

堺利彦編『復刻版　家庭雑誌』由分社、龍溪書舎（復刻版）、昭和五十七年

上司小剣編『復刻版　家庭雑誌　別巻簡易生活』簡易生活社、龍溪書舎（復刻版）、昭和五十七年

上司小剣『蓄音機読本』文学界社出版部、昭和十一年

荒井真理亜『上司小剣文学研究　近代文学研究叢刊三十一』和泉書院、平成十七年

麻島昭一『戦前期中小信託会社の実証的研究——大阪所在の虎屋信託会社の事例』専修大学出版局、平成十七年

松沢裕作『生きづらい明治社会——不安と競争の時代』岩波書店、平成三十年

小関孝子「婦人雑誌の読者と生活合理化という思想——家庭の近代化を牽引した知識階級の妻たち」『立教大学ジェンダーフォーラム年報十七巻』平成二十七年

久井英輔「大正期の生活改善における〈中流〉観の動向とその背景」『広島大学大学院教育学研究科紀要第三部教育人間科学関連領域六十一号』平成二十四年

表世晩「明治社会思想と矢野龍溪の文学」
https://irdb.nii.ac.jp/01257/0001682953

横井春野関連
https://iss.ndl.go.jp/books/R000000004-I7322179-00

田中貢太郎『屋根の上の黒猫』
https://www.aozora.gr.jp/cards/000154/files/45540_41097.html

幸田露伴『墨子』
https://www.aozora.gr.jp/cards/000051/files/48312_42002.html

序章

芥川文、中野妙子記『追想 芥川龍之介』中公文庫、昭和五十六年
檀一雄『太宰と安吾』バジリコ、平成十五年
白眼子『行商旅行』大学館、明治三十六年
打越光亨編『薬品取扱規則のわけ』延寿堂、明治十三年
橋爪貫一編『人のわけ』延寿堂、明治十三年
『内外遊戯全書』（全十五編）博文館、明治三十二・三十三年
増本河南『奇々怪々世界幽霊旅行』本郷書院、明治四十二年
生活改善同盟会編『実生活の建直し』宝文館、昭和四年
深尾韶「醜悪なる家庭」堺利彦編『家庭雑誌 四巻第二号』由分社、明治三十九年二月一日
高野復一「簡易生活の真意義」『ナショナル二巻第十七号』ナショナル社、大正三年
佐治実然「簡易生活と奮闘生活の関係」菊池暁汀編『現代名士修養百話』天書閣、明治四十二年
『簡易生活』垣田純朗発行、民友社、明治二十八年
『主婦之友十一月号』主婦之友社、大正十二年
『読売新聞』昭和十四年一月十八日
岸田國士『落葉日記』白水社、昭和十二年

堺利彦「共同と平等」上司小剣編『簡易生活　第一号』簡易生活社、明治三十九年十一月一日
村嶋歸之『ドン底生活』文雅堂、大正七年
「哀れの老婆」『東京朝日新聞』明治三十五年四月七日
『東京朝日新聞』明治三十五年四月十日
『東京朝日新聞』明治三十五年四月十八日

第一章

上司雪子「簡易生活日記」上司小剣編『簡易生活　第二号・第三号』簡易生活社、明治三十九年十二月一日・明治四十年一月一日
上司小剣編『簡易生活　第二号』（前掲）
上司小剣「小ひさい家」上司小剣編『簡易生活　第四号』簡易生活社、明治四十年二月一日
上司小剣「転宅悲劇」堺利彦編『家庭雑誌　五巻第三号』明治四十年一月一日
上司小剣「紅涙」堺利彦編『家庭雑誌　五巻第五号』明治四十年三月一日
丸野内人『退出より出勤迄の充実生活』日東堂、大正五年
上司小剣編『簡易生活　第五号』簡易生活社、明治四十年四月十一日
石上録之助『六十三大家生活法：比較研究』忠誠堂、大正八年
堺利彦「秋のくさぐさ」堺利彦編『家庭雑誌　一巻第六号』明治三十六年九月二日
蘆川忠雄『失敗の活用』実業之日本社、明治四十三年
丸山小洋『殺活自在処世禅』須原啓興社、大正五年

上司雪子「簡易生活日記」上司小剣編『簡易生活　第三号』(前掲)
上司小剣編『簡易生活　第二号』(前掲)
堺利彦編『家庭雑誌　五巻第三号』明治四十年一月一日

第二章

八浜督郎編『迷信の日本』警醒社、明治三十二年
禄亭「家の器財」(「簡易家庭談」より)堺利彦編『家庭雑誌　三巻第三号』明治三十八年三月二日
田尻稲次郎『簡易生活』文武堂、大正六年
「新刊著者紹介」堺利彦編『家庭雑誌　三巻第九号』明治三十八年九月二日
空腸子著・川口真作『衛生小説：大怪物』明治二十九年
横井春野『抵抗強健術』広文堂書店、大正六年
大石禄亭生「貧者の心得」堺利彦編『家庭雑誌　四巻第五号』明治三十九年五月一日
佐治実然「余の簡易生活」上司小剣編『簡易生活　第三号』(前掲)
中尾傘瀬「台所廃止論」堺利彦編『家庭雑誌　四巻第一号』明治三十九年一月一日
湯浅観明『理想の家庭』富田文陽堂、明治三十八年
ふみ「米磨器械の話」堺利彦編『家庭雑誌　三巻第二号』明治三十八年二月二日
「編集記事」堺利彦編『家庭雑誌　二巻第三号』明治三十七年三月二日

第三章

棚橋源太郎『生活の改善』教化団体連合会、大正十四年
堺利彦編『家庭雑誌　一巻第六号』明治三十七年六月一日
堺利彦編『家庭雑誌　三巻第三号』明治三十八年三月一日
「隅田川辺の好家庭」堺利彦編『家庭雑誌　一巻第三号』明治三十六年六月一日
渚山「佐々婦人を訪ふ」堺利彦編『家庭雑誌　二巻第十一号』明治三十七年十一月一日
桑原真瑞『霊肉統一簡易生活』霊肉統一団、明治四十一年
渡部竹蔭『明治の家庭』前川文栄閣、明治三十七年
堺利彦編『家庭雑誌　三巻第四号』明治三十八年四月一日

第四章

関勝男『視学の観たる教員生活の実相』人文書房、昭和六年
石角春洋『穴さがし五分間応接』三進堂、大正八年
樋口麗陽『何より肝腎：実際教科書』日本書院、大正九年
「家庭改良の実行」堺利彦編『家庭雑誌　三巻第一号』明治三十八年一月一日
「簡易生活会」堺利彦編『家庭雑誌　三巻第四号』明治三十八年四月一日
堺利彦編『家庭雑誌　三巻第五号』明治三十八年五月一日
渡部竹蔭『明治の家庭』（前掲）
石上録之助『六十三大家生活法：比較研究』忠誠堂、大正八年
渡辺約山『人生向上悟りの道』広文堂書店、大正五年

第五章

深尾韶「日本服の将来」堺利彦編『家庭雑誌　四巻第一号』明治三十九年一月一日
棚橋源太郎『生活の改善』教化団体連合会、大正十四年
増田義一編『向上発展：処世要訣』実業之日本社、明治三十九年
佐治実然『人間万事我輩の如く』広文堂書店、大正九年
本間久雄『生活の芸術化』東京堂、大正十五年
禄亭「家の器財」（「簡易家庭談」より）堺利彦編『家庭雑誌　三巻第三号』（前掲）
二宮滄海生『実験自炊生活法』文書館編纂所、大正元年
「私の簡易生活」『読売新聞』大正八年二月二十日
「簡易食堂行詰る」『大阪朝日新聞』大正十一年五月十一日
岩本光良『東京苦学成功案内』虹文社、大正十一年
赤津政愛『一日十銭生活：実験告白』磯部甲陽堂、大正七年

第六章

上司小剣「歳暮の虚礼」上司小剣編『簡易生活　第二号』（前掲）
あらえびす『蓄音機とレコード通』四六書院、昭和六年
甲斐園治『鉄道家庭論』鉄道時報局、明治四十三年
佐治実然『人間万事我輩の如く』（前掲）

堺利彦編『家庭雑誌　一巻第一号』明治三十六年四月三日
斎藤新太『廿一日間断食日誌』ラシク新聞社、大正十四年
久田二葉「花と家庭」堺利彦編『家庭雑誌　一巻第八号』明治三十六年十一月二日
久田二葉「花と家庭（三）」堺利彦編『家庭雑誌　一巻第九号』明治三十六年十二月二日
堺利彦編『家庭雑誌　二巻第四号』明治三十七年四月二日
久田二葉「花を作ってみたくなりました」堺利彦編『家庭雑誌　二巻第四号』（前掲）

最終章

島影盟『生活の再設計』大東出版社、昭和十四年
「簡易生活を楽しむ者」『読売新聞』昭和十七年十一月二十八日

山下泰平　やました・たいへい
1977年宮崎県生まれ。明治娯楽物語研究家。立命館大学政策科学部卒業。京都で古本屋を巡り、明治大正の文献の研究にいそしむ。2011〜13年にスタジオジブリ出版部の月刊誌『熱風』に「忘れられた物語―講談速記本の発見」を連載。インターネットではkotoriko名義でも活動。著書に『「舞姫」の主人公をバンカラとアフリカ人がボコボコにする最高の小説の世界が明治に存在したので20万字くらいかけて紹介する本』(柏書房)がある。
ブログ：「山下泰平の趣味の方法」
http://cocolog-nifty.hatenablog.com
ツイッター：@kotoriko

朝日新書
750

簡《かん》易《い》生《せい》活《かつ》のすすめ

明治にストレスフリーな最高の生き方があった！

2020年２月28日第１刷発行

著　者　山下泰平

発行者　三宮博信

カバーデザイン　アンスガー・フォルマー　田嶋佳子

印刷所　凸版印刷株式会社

発行所　朝日新聞出版
〒104-8011　東京都中央区築地5-3-2
電話　03-5541-8832（編集）
　　　03-5540-7793（販売）

Published in Japan by Asahi Shimbun Publications Inc.
ISBN 978-4-02-295058-1
定価はカバーに表示してあります。
落丁・乱丁の場合は弊社業務部(電話03-5540-7800)へご連絡ください。
送料弊社負担にてお取り替えいたします。